北京仲裁

BEIJING ARBITRATION QUARTERLY

BIAC 北京仲裁委员会 Beijing Arbitration Commission 北京国际仲裁中心 Beijing International Arbitration Center

第 118 辑（2021年第4辑） Vol. 118（2021, No. 4）

中国法制出版社
CHINA LEGAL PUBLISHING HOUSE

目录

编者按

获奖论文

Contents

Editor's Note

Award–Winning Papers

编者按

商事仲裁作为一种现代商事争议解决机制，正处于蓬勃发展的阶段。优秀的青年法学学子是推动中国商事仲裁未来发展的重要力量。为了鼓励高校法学专业学生熟悉仲裁、研究仲裁，培养更多青年学子成为仲裁事业的推动者和接班人，北京仲裁委员会 / 北京国际仲裁中心（BAC/BIAC，以下简称北仲）秉持“弘扬仲裁文化、培育仲裁新人”的宗旨，自 2013 年起每年举办一届“北仲杯”全国高校商事仲裁有奖征文大赛，得到众多高校法学学子的关注和参与。

第九届“北仲杯”全国高校商事仲裁有奖征文大赛于2021年6月8日启动，现已圆满结束。本届大赛面向国内外高校法学专业学生，以商事仲裁或其他多元争议解决方式（相关的实体或程序法律问题）为征文主题。参赛论文题材依然保持着前七届涵盖范围广、涉及主体多的特点，既有关注国内仲裁制度的，又有对国际仲裁以及仲裁中涉及的实体法律问题展开研究的。不少论文观点新颖，研究深入，体现了我国法学学子更加广阔的学术视野和日益精进的研究水平。

经过初审、复审、答辩三个环节的层层筛选，本届大赛共评选出一等奖二名、二等奖三名、三等奖五名、优秀奖五名。具体获奖论文作者、院校及论文题目如下（同一奖项间排名不分先后，按作者姓氏拼音排序）：

一等奖：

罗　雯（复旦大学）：国际商事仲裁中送达行为效力的判断标准建构

徐　途（中国政法大学）：国际商事仲裁中排除撤销程序协议的效力问题

二等奖：

许凯婷（复旦大学）：新冠肺炎疫情下国际商事仲裁中仲裁庭对远程庭审的自由裁量权研究

马　骁（北京大学）：不予执行还是另行起诉？——案外人对仲裁裁决寻求救济的实证研究[①]

陈凡凯（中国政法大学）：论两大海牙公约对国际商事仲裁的影响

三等奖：

张苏平（中国人民大学）：案外人撤销仲裁裁决、调解书之诉的体系与可适用性

覃曦菡（中国人民大学）：非对称仲裁条款在中国的效力认定[②]

徐钱燕飞（华东政法大学）：论临时仲裁制度构建中的仲裁员的选任

葛文惠（武汉大学）：论“或裁或审”条款之效力认定

林雅婷（荷兰莱顿大学）：Evolution or Creation? Possible Roadmaps of the EU-China Investor-State Dispute Resolution Model

优秀奖：

黄培宸（中国政法大学）：境外仲裁机构在中国内地仲裁的自裁管辖权制度构建

吴玉丹（中南财经政法大学）：商事仲裁释明权适用研究

顾天杰（浙江大学）：从上诉机制到多边法庭——国际投资争端解决机制改革的守正与创新之维

董奕玮（上海政法学院）：Empirical Study on Recognition and Enforcement of Foreign Arbitration Awards by Mainland Chinese Courts

陈令祚（中国人民大学）：国际商事仲裁的猎鹿博弈

---

① 已刊载于《北京仲裁》第117辑。

② 已刊载于《北京仲裁》第117辑。

为了满足读者需要，进一步丰富和繁荣商事仲裁理论研究成果，本辑《北京仲裁》作为第九届“北仲杯”全国高校商事仲裁有奖征文大赛的获奖论文专刊，在征得获奖作者同意后，将其中6篇获奖论文予以刊载。这些论文的研究题材主要围绕送达、远程开庭、或裁或审仲裁条款、国际投资仲裁等业界广泛关注的实务问题，从程序及实体多维度就仲裁行业前沿热点进行了富有探索性的研究。这些论文充分体现了作者们独到的学术视角和活跃的学术思维。需要说明的是，在论文答辩过程中，评审专家针对部分论文指出了一些问题，也提出了一些修改意见或研究建议，部分作者在参加完论文答辩后对论文的内容或标题进行了完善，并向大赛组委会提供了修改后的论文，本刊刊载的即为修改后的论文。

“北仲杯”全国高校商事仲裁有奖征文大赛采用了公正严格的评审机制，力求为广大关心仲裁发展、热爱仲裁事业的青年法学学子提供学术研究的机会、与专家交流的渠道以及施展才华的平台。在前七届大赛的基础上，第八届大赛继续在高校中保持着较广泛的影响力，继续贯彻大赛以征文形式推动宣传仲裁、以奖助方式鼓励研究仲裁、以锁定学生实现培育新苗、以严格评审达到公平择优之旨的比赛模式，为今后大赛积累了更多宝贵的经验。大赛将继续把“推进仲裁研究，培养仲裁人才”作为一项目标，推动北仲成为多元争议解决人才培养中心，助力中国仲裁事业的传承与发展。同时，北仲另设有“科研基金项目”“北仲争议解决新探索文库项目”“北仲争议解决新视野译丛项目”等，用于鼓励资助争议解决理论及实务研究，欢迎读者继续关注。

“北仲杯”征文大赛组委会

《北京仲裁》编辑部

2021年12月31日

国际商事仲裁中送达行为效力的判断标准建构

罗　雯*

● **摘　要**

对于送达行为无效的认定，法院应从负有送达义务一方以及受领人一方考虑。负有送达义务的一方应承担尽力送达的一般义务，除了客观行为之外，还应考虑是否对受领人的知悉存在合理期待。负有送达义务一方的尽力送达义务具体体现为三种义务类型：送达地址的合理查询义务、邮寄方式的妥善选择义务、送达期限的充分预留义务。受领人一方应当避免受领设施出现问题，受领设施出现更新时进行告知，确保受领设置具备接收文件的能力。若出现不可归责于双方当事人的事由导致送达障碍，从受领人对仲裁程序的可预期性、受领人获得救济的方式、降低送达障碍影响的可能性来考察，应认定为不存在有效送达。

● **关键词**

送达义务　国际商事仲裁　合理查询　有效送达

Abstract: The courts should consider both the party with delivery duty and the recipient when determining whether the delivery of arbitration documents is invalid or not. The party with delivery duty

---

* 罗雯，复旦大学法学院2018级本科生。

should undertake the basic obligation of trying its best to deliver the arbitration documents. In addition to objective behavior, whether there is reasonable expectation regarding the knowledge of the recipient should be factored into consideration. The basic duty of trying one's best to deliver entails three kinds of obligations: proper inquiry of the address, careful choice on the mailing approaches, allowing sufficient time for delivery. The recipient should ensure there is no problem with the device that receives the documents by sending notification when the device is updated and ensuring the capacity of device to receive documents. When the delivery of arbitration documents are hindered by conditions that are unattributable to both parties, the delivery of arbitration documents should be deemed as invalid, considering the recipient's expectation of the arbitration proceedings, the ways through which the recipient could seek relief and the possibility to reduce the impact caused by delivery hindrance.

Key Words: delivery duty, international commercial arbitration, proper inquiry, effective delivery

一、引言

对于国际商事仲裁而言，仲裁程序的要求之一为仲裁文件的送达。在不同国家，负有送达义务的主体不同：在我国的商事仲裁程序中，负有送达义务的主体为仲裁委员会；但在国外商事仲裁程序中，可能由律师进行送达。[①] 不同国家的仲裁机构对于送达方式也存在不同要求。

送达行为的本质是国际商事仲裁中程序正义要求的具体体现之一。仲裁程序中对于送达仲裁文件的要求，其核心就在于确保当事人在仲裁过程中收到仲裁程序的通知，并以此保证双方当事人享有陈述机会，受到平等待遇。[②] 无效的送达行为会实质性地影响到当事人在仲裁过程中能否收到仲裁程序的

① 我国对送达义务的规定参见《仲裁法》第 25 条；国外仲裁中的律师送达行为，具体参见张文哲、张虎：《论外国商事仲裁中的律师送达》，载《东北大学学报（社会科学版）》2015 年第 5 期，第 521—526 页。

② 参见 Art.18，Art.34，Art.36，UNCITRAL Model Law.

通知，以及后续是否在庭审过程中享有陈述机会。换言之，无效的送达行为是对商事仲裁所要求的程序正义原则的根本违反。

而在实践中，由于送达主体、送达方式等方面存在不同程度的瑕疵，法院在审查仲裁裁决的过程中往往面临送达行为是否有效的认定问题。以我国实践为例，送达问题在司法实践中是一个极为常见的问题。根据作者的检索，我国申请撤销仲裁裁决的案件中涉及送达问题的部分占到了较高的比例，在涉外仲裁裁决的撤销申请案件中也是如此。[①]

若法院在裁定中将送达行为认定为无效[②]，进而撤销或者不予执行仲裁裁决，对于当事人将产生巨大影响，2019年盐城市宏铭达纺织案即为典型案例。[③]本案中，因法院认定送达环节出现“程序错误”，中国国际经济贸易仲裁委员会（以下简称贸仲）于2017年作出的仲裁裁决最终被撤销。这一被撤销的仲裁裁决涉及2000万元人民币左右的金额及利息，律师费以及仲裁费合计超过50万元。[④]由是可见，送达行为一旦被认定为无效，将对双方当事人产生实质性的影响，因此，法院应当慎重认定无效的送达行为。

然而，法院如果采取过于严格的态度审查送达行为的效力，可能会对当事人造成不公。实践中，可能会有当事人本身在仲裁过程中决定不参与仲裁程序，

---

① 作者在威科先行网（https://law.wkinfo.com.cn/）进行了检索，选择“申请撤销仲裁裁决”案由，考虑到本文主要研究商事仲裁领域中的送达问题，在该案由下去除“劳动”这一关键词，检索所得共得到32193条结果，进一步在结果中以“送达”进行检索，共得到12363条结果，约占前述38.4%。在涉外仲裁裁决审查中，“申请撤销仲裁裁决”案由下，去除“劳动”并以“二百七十四”作为关键词，共检索得到436条结果，进一步加上“送达”的关键词，共得到170条结果，约占39.0%。虽然统计结果可能并不完全准确，因其中可能包括仅提及“送达”这一关键词的案件，而且数据库本身可能较早年份的案件并未收录，但实际上也能在一定程度上反映出送达问题对于撤销裁决问题的审查影响较大。

② 实践中，有效送达这一概念在仲裁机构规定和法院司法审查案件中均有提及，如《中国国际经济贸易仲裁委员会仲裁规则》（以下简称《贸仲规则》）第8条；盐城市宏铭达纺织有限公司等申请撤销仲裁裁决案，北京市第四中级人民法院（2017）京04民特30号民事裁定书。

③ 参见盐城市宏铭达纺织有限公司等申请撤销仲裁裁决案，北京市第四中级人民法院（2017）京04民特30号民事裁定书。

④ 裁定书中记载：“仲裁庭于2017年2月14日作出0059号裁决：一、海企纺织向同泰公司支付所欠合同货款20030000元。二、海企纺织向同泰公司支付以20030000元为基数，按年利率6%，自2015年4月1日起至实际支付之日止的利息。三、大宏公司、宏铭达公司、海企纺织向同泰公司补偿律师代理费180000元。四、本案的仲裁费用356003元，全部由大宏公司、宏铭达公司、海企纺织承担。”北京市第四中级人民法院（2017）京04民特30号民事裁定书。

而在仲裁裁决作出后，以送达行为无效，其未收到通知为由进行抗辩，请求法院撤销或者不予执行仲裁裁决，滥用自身所享有的程序性权利。若法院在这种情况下依旧拒绝将送达行为认定为无效，将严重损害另一方当事人的利益。

因此，在司法审查中能否准确认定送达行为的效力，对于平衡仲裁双方当事人之间的权利与义务至关重要。在此情况下，问题相应而生：送达行为的效力对于仲裁具有实质性的影响，那么在司法实践中应当采取什么标准，方能准确判断是否存在有效的送达行为？国际商事仲裁立法中对仲裁裁决撤销的规定已经逐步呈现出相互接近的发展趋势。[①] 然而，在实践中，不同仲裁机构的仲裁规则仍存在着诸多差异。[②] 法院在涉外仲裁裁决审查中对于送达方式效力的认定标准也存在极大的差异。各国法院在具体审查仲裁裁决过程中，采用不同的标准来认定送达行为，呈现出极大的差异，为送达行为效力的认定带来了诸多的不确定性。

因此，本文旨在探讨的核心问题在于：在商事仲裁中，认定仲裁程序中送达行为无效，应该依照何等标准？法院在实践中，应将什么类型的因素纳入考虑范围内？为解决上述问题，本文将首先探讨送达人以及受领人的具体义务，并分析在送达障碍由于不可归责于当事人的事由产生时的风险负担，从而建构送达行为有效性的判断体系。

二、送达义务一般判断标准及其具体化

（一）送达义务的一般判断标准之建构

Gary B. Born 教授在解读《纽约公约》第 5 条第 1 款 b 项时指出，这一条款实际上规制的是“严重程序性不公平”（grave procedural unfairness）的情况，且不局限于程序上的限制，而是范围广泛。[③]《纽约公约》评注中指出，对于

---

① “现代商事仲裁裁决撤销制度有趋同化（Convergence）的倾向。”参见陈治东、沈伟：《商事仲裁法：国际视野和中国实践（下卷）》，上海交通大学出版社 2020 年版，第 440 页。

② 参见安晨曦：《我国商事仲裁送达制度的完善——以 109 个仲裁规则为对象》，载《福建农林大学学报（哲学社会科学版）》2017 第 1 期，第 90—97 页。

③ “Broadly speaking, these exceptions permit defenses to the recognition of awards for grave procedural unfairness in the arbitral proceedings.” “It is clear that Article V（1）（b）'s procedural protections are expansive in scope, not subject to technical limitations.” 参见 Gary B. Born, *International Commercial Arbitration*, Kluwer Law International, 2014, p.3494.

"适当通知"（proper notice）具体应当如何理解，法院主要看仲裁双方当事人的"事实以及行为"（facts and conducts），而非"形式上的"（formalistic）审查。[①] 然而，在司法审查中对送达行为有效性的认定，始终缺乏统一的判断标准。本文认为，送达行为效力的判断标准应建构于双方义务的基础之上，即从送达义务人以及受领人的角度来探讨其应当承担的义务以及具体义务是否履行的情形。[②]

就送达人所承担的义务而言，如前所述，尽管不同国家承担送达义务的主体不同，但在送达过程中的其基本义务均为尽力送达，即"用尽一切合理方式进行联络与送达"。[③] 这一基本义务在实践中已经获得了多个法院的承认和认可，[④] 如盐城市宏铭达纺织案中提出的"最大可能送达收件人之善良方式"[⑤]，本质上正是要求负有送达义务的主体，采取一切合理方式以最大可能地将仲裁文件送达对方。

本文认为，在判断这一尽力送达义务时，应当结合送达义务人的主观状态进行判断。在民法上，对于意思表示是否到达不在场人的判断，其依据之一在于"知悉的合理期待"，具体而言，认定为送达的前提必须建立在"受领人的知悉能够被合理期待"，不能够被合理期待的情况包括"午夜将信件投入私人邮箱、非营业时间将信件送至营业场所等情形"[⑥]。尽管送达仲裁通知并

---

① "Courts are usually not formalistic in their approach to article V(1)(b), but focus on the actual facts and conduct of the parties, which leads to a restrictive application of article V(1)(b)." 参见 UNCITRAL Secretariat Guide on the Convention on the Recognition and Enforcement of Foreign Arbitral Awards (New York, 1958), p.156.

② 此处所指的"送达义务人"应作广义理解，考虑到国际实践中，根据不同国家的规定，送达主体既可能是仲裁庭，也可能是当事人及其律师，且在推定送达的情况下，虽然由仲裁庭送达，但实际上查询义务施加于当事人上，因此，此处的"送达义务人"既包括了仲裁庭，也包括了当事人及其律师。参见《贸仲规则》第 8 条；张文哲、张虎：《论外国商事仲裁中的律师送达》，载《东北大学学报（社会科学版）》2015 年第 5 期，第 521—526 页。

③ 参见嘉能可国际股份有限公司、浙江企赢能源化工有限公司等申请承认和执行外国仲裁裁决案，浙江省宁波市中级人民法院（2014）浙甬仲确字第 1 号裁定书。

④ 参见浙江省宁波市中级人民法院（2014）浙甬仲确字第 1 号裁定书；北京市第四中级人民法院（2017）京 04 民特 30 号民事裁定书。

⑤ 参见北京市第四中级人民法院（2017）京 04 民特 30 号民事裁定书。

⑥ 参见朱庆育：《民法总论》，北京大学出版社 2016 年版，第 205 页。

非意思表示的送达，但仲裁通知实际上与准意思表示有较为相似之处，将“知悉的合理期待”用于判断仲裁通知的送达，亦无不妥。

《纽约公约》评注指出，对第5条第1款中b项“适当通知”的解读，关键在于当事人是否意识到仲裁程序的存在，是否实质性地参与了仲裁。[①] 换言之，《纽约公约》实际上采取了一种客观的立场，认为是否应当撤裁或者不予承认和执行，其标准在于当事人是否对于仲裁有实质参与，实践中也有法院在判决中提及了类似的观点。如2021年*Beijing Jishi Venture Capital*一案中，法官在判决中指出，申请人本身的“主观认知”（subjective belief）以及其在送达上所作的努力，如向贸仲委员会提供三个地址等，这两个因素在本案中并不相关，在分析是否存在合理通知的情况下，关键在于事实上已经做出的行为，而非仅仅是试图做出的行为。[②] 然而，这一分析思路值得商榷，若仅依据客观事实，而不考虑送达义务人在送达过程中的主观状态，则可能会导致双方权利义务的不对等。

实践中可能出现的情况是：虽然主观上不存在受领人知悉的合理期待，但是根据证据可以认定当事人事实上收到了通知。在这种情况下，如果仅依据案件事实中当事人实际上收到了通知来判断是否存在有效送达，将不够合理。这一情况在澳大利亚联邦法院2020年判决的*Energy City Qatar Holding Company*一案中已经出现。[③] 申请人在向法院提出仲裁请求后，将法院的相关通知寄送给了并非被申请人公司，而是仅有合作关系的一家公司地址，并非

① 参见UNCITRAL Secretariat Guide on the Convention on the Recognition and Enforcement of Foreign Arbitral Awards（New York，1958）.

② “There is one real issue for determination. Has Mrs Liu proved to the satisfaction of the Court that she was not given proper notice of the arbitration or the appointment of arbitrators? In answering this question，it is important to focus on what has been done（rather than what has only been attempted，or what a party has failed to do）.” 参见Beijing Jishi Venture Capital Fund（Limited Partnership）v Liu［2021］FCA 477. 另外，对这一案例的介绍与点评，参见Bo Zhou，Australia：Did You Notice? The Importance of Proper Notification in the Enforcement of Foreign Arbitral Awards，at https://www.mondaq.com/australia/arbitration-dispute-resolution/1074724/did-you-notice-the-importance-of-proper-notification-in-the-enforcement-of-foreign-arbitral-awards（Last visited on 19 July 19，2021）.

③ 参见Energy City Qatar Holding Company v Hub Street Equipment Pty Ltd（No 2）［2020］FCA 1116；Hub Street Equipment Pty Ltd v Energy City Qatar Holding Company［2021］FCAFC 110.

合同中约定的地址。[1]尽管这一情况可能属于地址送达错误的情况，也存在受领人主体是否适格的争议，但从是否存在知悉的合理期待这一判断标准而言，也具有一定的讨论价值。在通常情况下，根据一般生活经验判断，有合作关系的公司在收到文件后确实存在转寄通知的可能，但是实际上也存在未寄送通知的可能性。且就通知而言，因为有合作关系的公司并非直接隶属于被申请人公司的主体，转寄通知之可能性存在不确定性。因此，虽然本案中合作公司将通知转寄了当事人，澳大利亚法院根据证据认定当事人也实际收到了通知，因而并未直接对于这一行为进行定性，但本文认为，将通知送达至有合作关系的公司，从主观上是否存在知悉的可能性来判断，很难认定为送达义务已经作出有效的送达行为，后续当事人是否收到了通知，仅仅是现实中的一种可能性，在类似情况中依旧可能出现未转寄，最终并未收到通知的可能性。因此，本文认为：实际参与仲裁这一点作为客观标准，并不利于平衡送达双方的权利与义务的标准，不能仅仅依据现实中是否实质性收到作为判断依据，现实中是否收到存在一定的偶然性，应从是否存在受领人知悉的合理期待来分析。

履行尽力送达义务过程中，实践中主要会出现以下几类问题：首先，未能准确确定送达地址；其次，在地址无误的情况下，未能采取可行的邮寄方式进行送达；最后，未能预留充分送达期限，下文将分别探讨这三类问题下送达人所应履行的相应义务。

（二）送达地址的合理查询义务

根据2018年的实证研究，目前实践中撤裁或者不予执行的情况包括地址错误的情况。[2]甚至有研究认为，出现问题最多的情况，即为“送达地址错误或不当”。[3]有学者指出，确定送达地址的过程往往依赖于送达义务人的合理

---

① 参见同前注。应当指出的是，本案中申请人将法院的相关通知寄送给被申请人的行为，虽然能否构成商事仲裁程序中的送达行为存在争议，但是因其本质上在于通知被申请人仲裁程序已经开始，本文认为，还是应纳入商事仲裁程序中的送达行为。

② 参见孔德越：《我国商事仲裁送达制度的完善——以193个仲裁规则和90个送达案件为分析对象》，载北京仲裁委员会／北京国际仲裁中心组编：《北京仲裁》2018年第4辑，中国法制出版社2019年版，第141—154页。

③ 参见张春良、黄晖、许志华：《中国涉外商事仲裁裁决撤销：机制与实证》，法律出版社2019年第159页。

查询，因此，对于送达行为的判断本质上是对于合理查询义务的判断。[①]

在实践中可能会出现送达文件被退回，无法找到相应地址的情况。因此，无论是国内还是国外，均有关于“推定送达”“视为送达”或者称之为“替代送达”的相应制度，以应对负有送达义务一方无法查找到相应送达地址的情况。[②]在此情况下，适用这一情况的前提必须为对于送达地址的“合理查询”义务。[③]只有在尽力或者合理查询仍不能找到相应地址的情况下，才能采用“推定送达”“视为送达”“替代送达”等方式。送达地址的合理查询，是区分实际送达以及拟制送达适用情况的重要标准。

具体在实践中，应当如何认定当事人已经履行了合理查询义务，本文认为：客观上，可以考虑当事人为了查询所付出的努力；主观上，是否对该地址为有效地址存在合理预期。当事人为了查询地址所付出的努力具体可以参考2017年宁波丰收公司案。[④]本案中，仲裁庭送达的文件于2016年6月被退回，仲裁庭要求当事人进行合理查询，提供有效送达地址，一方当事人在7月提交了“最后确认书”，但是再次送达后仍被退回，一方当事人于8月再次提交了“最后确认书”。法院查明：“2016年6月24日，冯某给杨某炜律师发送电子邮件，称关于丰收公司的8个地址都实地勘查了，都不对……该电子邮件中上述8个地址均附有相应的实际勘查的照片。”本案中，法院查明的事实清楚地表明了当事人为了查询地址客观上已经进行了实地勘察，足以满足“合理查询”的标准。

应特别指出的是，实践中有法院认为，合理查询义务主要由当事人承担，由仲裁庭进行送达，不宜将仲裁庭相应的义务进行扩大化解释，要求仲裁庭承担实质性调查义务，本文亦赞同这一观点。在2021年实联长宜公司案中，在

① 参见张春良、黄晖、许志华：《中国涉外商事仲裁裁决撤销：机制与实证》，法律出版社2019年，第159页。

② 对于“推定送达”的论述，参见马占军：《商事仲裁公告送达问题研究》，载《深圳大学学报（人文社会科学版）》2010年第2期，第73—77页。“视为送达”的规定，具体可参见《贸仲规则》第8条。“替代送达”（substituted service）的分析在《示范法》评注对第34（2）（a）（ii）条的解读中有所提及，参见UNCITRAL 2012 Digest of Case Law on the Model Law on International Commercial Arbitration.

③ 参见《贸仲规则》第8条第3款。

④ 参见宁波丰收进出口有限公司与北京吉阳技术股份有限公司等申请撤销仲裁裁决案，北京市第四中级人民法院（2017）京04民特37号民事裁定书。

送达过程中，文件由于“原址查无此公司”被退回，仲裁庭要求一方当事人履行合理查询义务，一方当事人向仲裁庭提供了“关于被申请人地址的说明”等文件，北京市四中院认为并未违反法定程序，并指出：“仲裁法与仲裁规则等规范均未规定仲裁院在认定当事人最后一个为人所知的地址时应当自行调查核实。”[①]换言之，仲裁庭在认定最后地址时并没有调查义务，这一调查义务的要求实际上已经为当事人在充分履行合理查询义务的时候所满足，如前所述。

（三）邮寄方式的妥善选择义务

在前述送达地址无误，或者经过合理查询确定了一方最后为人所知的送达地址的基础上，如果没有选择可行的邮寄方式进行送达，也会影响送达行为的效力。实践中，在通过邮寄送达的过程中，可能涉及多种邮寄方式，如特快专递、平信、航空信等方式，在送达地址正确的情况下，选择不同邮寄方式会影响是否能够最终送达。在这一情况下，负有送达义务的一方应当向邮局进行查询，确定合理的寄送方式，选择合适可行、能够最终送达的邮寄方式。

在2019年盐城市宏铭达纺织案中，仲裁庭在一开始送达过程中，最初送达文件被邮局退回，并被告知只能通过另一种方式送达，仲裁庭据此认定为无法送达，并最终采用了公证送达的方式进行“视为送达”。[②]法院在审理过程中认为，适用《贸仲规则》第3款中视为送达的条款，其前提必须建立在实际送达不可能的情况下，仲裁机构在邮局明确告知另一邮寄方式可行的情况下依旧认定无法送达，转而采用了第3款中“视为送达”的规定，实际上违反了送达的规定。[③]

（四）送达期限的预留义务

仲裁通知中，除了仲裁通知书、指定仲裁员通知书等文件，还有部分文件如开庭通知，需要负有送达义务的主体在送达过程中预留合理期限，负有送达义务的主体应当预留一定合理期限，以确保其送达的文件能够最大可能地在开庭之前抵达收件人。换言之，在进行送达的过程中，负有送达义务的主体应当履行合理预留送达时间的义务。在前述地址查询无误、寄送方式无

① 参见实联长宜中国控股有限公司与恒天创业投资有限公司申请撤销仲裁裁决案，北京市第四中级人民法院（2021）京04民特142号民事裁定书。

② 参见北京市第四中级人民法院（2017）京04民特30号民事裁定书。

③ 参见北京市第四中级人民法院（2017）京04民特30号民事裁定书。

误的情况下，如果未预留合理的送达时间，导致开庭时当事人并未收到通知，或者收到通知时间不足以令当事人做好开庭准备，因此送达亦不能认定为有效。同样，如前所述，在是否预留合理的送达期限的判断上，应引入前述“知悉的合理期待”标准，对于送达义务人的主观状态予以考虑。在案件中要判断，负有送达义务的主体是否对于其所预留的时间内送达有合理期待，具体而言，根据正常生活经验以及所采用的送达方式，判断是否有足够的可能送达时间，如国内送达预留 2 周送达时间较为合适，国外送达则往往需要预留更长的时间。

在 2019 年盐城市宏铭达纺织案中，仲裁庭于 2016 年 11 月 1 日采取公证送达的方式向境外的坦桑尼亚企业送达开庭通知，而仲裁庭于 2016 年 11 月 29 日开庭。[①] 北京市第四中级人民法院认为，根据《贸仲规则》中对于开庭前 20 天的期限送达要求来理解，在送达境外当事人的情况下，仲裁庭仅为路途上预留 8 天时间，并不符合“最大可能送达收件人之善良方式”，送达程序存在错误，最终这一仲裁裁决被法院撤销。[②] 从知悉的合理期待角度而言，对于通过公证平信的方式送达境外当事人，应当预留更多的时间，仅预留 8 天时间显然是不充分的，从主观上是否存在知悉的合理期待这一角度分析，不能认定这一送达行为有效。

三、受领人方的受领障碍及其法律效果

除了前述送达人的义务之外，受领人也应承担相应的义务。在仲裁实践中，受领人往往为民事合同的一方当事人，因此，其基本原则为诚实信用原则。

民法上认为，在意思表示的到达问题上，“意思表示可能因为受领人行为而不能到达或延迟到达，此即发生到达障碍”，而除“受领拒绝”外，产生到达障碍的情况在于“受领设施阙如或瑕疵”，具体包括：“未提供通信地址”“未设置信箱”“传真机出现故障”“电子邮箱已满”等情况。[③] 本文认为，商事送达的到达行为在这一角度上本质与意思表示中的到达障碍的部分具有共通性。尽管送达行为所涉及的仲裁通知并非意思表示，但因仲裁通知具有准意

① 参见北京市第四中级人民法院（2017）京 04 民特 30 号民事裁定书。

② 参见北京市第四中级人民法院（2017）京 04 民特 30 号民事裁定书。

③ 参见朱庆育：《民法总论》，北京大学出版社 2016 年版，第 208 页。

思表示的性质，而考虑到意思表示的探讨可以使用于准意思表示的情况，因此，仍具备一定的借鉴价值。换言之，在送达过程中，受领人应当尽力确保其受领设施不存在问题。受领设施不存在问题，具体包括两个方面：一方面在于保证受领设施本身准确无误；另一方面在于保证受领设施具备接收通知的能力。

首先，受领设施本身应当正确无误。如果寄送地址已经约定，在约定地址出现变更的情况下，受领人需要及时告知对方变更后的地址。在实践中，国内外均有法院认为，如果受领人未及时更新地址，送达人寄送至原本的地址，不应认定为无效。2021 年 *Beijing Jishi Venture Capital* 案中，澳大利亚法院依据证据认定，第一被申请人实际上将其经营地址变更的情况告知了申请人，因此并不存在申请人不知道变更经营地址的情况。[①] 而在 2016 年嘉能可国际股份有限公司案中，法院认为，被申请人在约定电子邮箱地址由于员工离职变更的情况下，未能主动向申请人更新电子邮箱地址，仲裁庭向合同中的电子邮箱地址发送通知的行为不应认定为无效。[②] 在 2017 年四川星鑫牧业有限公司案中，双方当事人在合同中均未约定其地址，在实际送达过程中仲裁委员会根据营业执照地址，以及另一方当事人所提供的地址进行了送达。一方当事人主张“仲裁送达程序违法”，向法院申请撤销仲裁裁决，而法院认为，仲裁庭的送达行为应视为有效送达，作为申请人一方的当事人存在过错，当事人未及时更新工商注册的地址，导致其与实际经营地址并非完全相符，法院最终驳回了当事人撤销仲裁裁决的申请。[③] 除此之外，受领人应当确保受领设施如传真机、信箱、电子邮箱本身能够具备收到通知的能力，不存在瑕疵。如果出现传真机故障、信箱未设置或者信箱已满无法投递邮件等情况，也会出现送达障碍的情况。

前述受领设施出现问题的情况下，仲裁文件事实上往往未送达至受领人，但法律效果上不应将送达人的送达行为认定为无效。换言之，即使当事人确实因此没有收到通知，并失去了陈述机会，但考虑到原因在于其自身未确保

---

① 参见 Beijing Jishi Venture Capital Fund（Limited Partnership）v Liu［2021］FCA 477.

② 参见浙江省宁波市中级人民法院（2014）浙甬仲确字第 1 号裁定书。

③ 参见四川星鑫牧业有限公司申请蒙牛乳业（眉山）有限公司申请撤销仲裁裁决案，北京市第二中级人民法院（2017）京 02 民特 113 号民事裁定书。

受领设施不出现问题，应当采取“到达拟制”的认定，视为已经有效送达，这一点也与撤销仲裁裁决依据相符合，当事人缺乏陈述机会的情况必须并非由于其本人原因导致。[①] 在民法上，目前德国通说认为，如果出现“受领设施阙如或缺陷”，在受领人并非有意导致“受领设施阙如或缺陷”的情况下，尽管受领人仍应承担到达风险，但是“意思表示不能发生到达之效力”。[②] 然而，在商事仲裁文件送达的语境下，适用这一判断标准并不合理，原因如下：受领人在最初与另一方当事人签订合同时，双方已对于仲裁条款存在合意，受领人本身向另一方当时提供接受通知的方式时，就有义务确保受领设施的正确且有能力接收通知。此外，不同于民法上发出意思表示的表意人，送达人所负有的送达义务往往是法定义务，如前所述，对于法定义务的履行往往有更高的要求，因此，出于平衡双方当事人权利与义务的考虑，应当在此对于受领人的义务同样加以较高的要求，即无论其是否故意为之，均应承担受领设施出现问题所导致的后果，这一点也与德国民法上旧时学说相一致。[③] 因此，并无必要在此区分受领设施的问题是否为受领人有意导致（且实际区分也极为困难），因受领人的义务已经包括了有意与过失两种情况。

应当指出的是，受领人应当承担以上义务，并不意味着以上义务的不履行将导致其承担法律责任。有观点主张，阻碍送达的受领人应当承担法律责任。[④] 具体而言，有学者认为应当“引入阻碍送达的法律责任制度”，当事人应当承担相应的费用或损失。[⑤] 也有学者认为应当规定“逃避送达的法律责任”。[⑥] 前

---

① 参见《民事诉讼法》第274条第3项。

② 参见朱庆育：《民法总论》，北京大学出版社2016年版，第209页。

③ 参见朱庆育：《民法总论》，北京大学出版社2016年版，第208页。

④ 参见安晨曦：《我国商事仲裁送达制度的完善——以109个仲裁规则为对象》，载《福建农林大学学报（哲学社会科学版）》2017第1期，第96页；孔德越：《我国商事仲裁送达制度的完善——以193个仲裁规则和90个送达案件为分析对象》，载北京仲裁委员会/北京国际仲裁中心组编：《北京仲裁》2018年第4辑，中国法制出版社2019年版，第144页。

⑤ 参见安晨曦：《我国商事仲裁送达制度的完善——以109个仲裁规则为对象》，载《福建农林大学学报（哲学社会科学版）》2017第1期，第96页。

⑥ 孔德越：《我国商事仲裁送达制度的完善——以193个仲裁规则和90个送达案件为分析对象》，载北京仲裁委员会/北京国际仲裁中心组编：《北京仲裁》2018年第4辑，中国法制出版社2019年版，第144页。

述这一责任规定实际上是对于当事人未遵守诚实信用原则的惩罚。[①] 虽然本文主要目的在于为法院实践提供可供参考的判断标准，但仍应指出的是，规定受领人的责任并不合理，将不当地加重接收通知一方的负担：其一，对于实践中“不诚信当事人为逃避法律责任而采取各种手段逃避、阻碍送达”这一情况，[②] 通过前述认定送达行为有效，采取“到达拟制”的情况下，执行仲裁裁决的方式，已经足以对于当事人进行惩戒；其二，“根据情节轻重”来判断，[③] 在实践中难以确定具体为当事人故意还是仅仅是疏忽，并不明确；其三，仲裁本质上是与诉讼不同的争议解决方式，如果通过法律规定向一方当事人施加法律后果，实际上无异于仲裁的诉讼化，司法程序不应过度扩张至仲裁领域。

四、不可归责于送达双方的事由致使送达障碍的风险负担

实践中，除了双方本身由于未能履行义务而导致送达障碍的情况之外，法院还可能遇到的情况为：出现不可归责于送达双方的事由，导致受领人未收到发出的仲裁通知。具体而言，不可归责于送达双方的事由，在实际情况中可能为邮局在寄送投递过程中出现了问题，导致出现邮件丢失等情况。[④] 在这种双方均无过错的情况下，问题在于如何分配邮件投递过程中的风险，在出现客观送达障碍的情况下，在法律意义上如何认定是否存在有效送达。对于这一问题，从受领人对于仲裁程序的可预期性、受领人获得救济的可能性，以及降低送达障碍影响的可能性考虑，在出现不可归责于送达双方的事由的情况下，负有送达义务的主体应承担送达障碍的风险，应认定不存在有效送达行为。

其一，从受领人对于仲裁程序的可预期性来看，在受领人与另一方当事

---

① 参见《民法典》第7条。

② 参见安晨曦：《我国商事仲裁送达制度的完善——以109个仲裁规则为对象》，载《福建农林大学学报（哲学社会科学版）》2017第1期，第96页。

③ 参见安晨曦：《我国商事仲裁送达制度的完善——以109个仲裁规则为对象》，载《福建农林大学学报（哲学社会科学版）》2017第1期，第96页。

④ 例如，2019年盐城市宏铭达纺织案中，贸仲所组成的仲裁庭向位于坦桑尼亚的境外企业寄送仲裁文件，在仲裁庭先后通过不同方式发出的多封邮件中，根据法院审查，“裁决书中记载的贸仲于2016年8月23日寄出的文件始终未查询到下落”。不过，应当指出的是，在这一案件中，邮件未查询到下落，可能是由于仲裁庭未采取合适的寄送方式，并不属于不可归责于送达人的情况，此处仅为实践中出现下落不明的情况举例说明。参见北京市第四中级人民法院（2017）京04民特30号民事裁定书。

人产生争议的情况下，如果另一方当事人未曾告知其已经提交仲裁申请，其唯一能够获知仲裁程序已经开始的可能方式为负有送达义务一方寄出的仲裁文件。因此，在收到相关仲裁文件之前，受领人往往对于仲裁程序开始以及收到仲裁通知并不存在合理预期。如果在邮件寄送过程中出现了不可归责于送达双方的事由致使送达出现障碍，在此情况下依旧认定送达行为有效，要求对于仲裁程序以及仲裁文件完全没有期待的受领人负担风险，对于受领人而言显然并不公平。

其二，从受领人获得救济的方式来看，应当在出现不可归责于双方的事由的情况下将送达行为认定为无效。若要求受领人承受送达障碍的风险，在将送达行为视为有效的情况下，仲裁裁决依旧得到承认和执行，受领人必须受到一个在其未实质性参与的情况下所作出的仲裁裁决的约束，没有其他救济途径，并不合理。而通过将送达行为认定为无效，进而撤销或者不予执行仲裁裁决，能够为受领人争取到重新参与到仲裁过程中的机会，为其受损的权利提供救济。

其三，从降低送达障碍影响的可能性来看，送达人更可能发现存在送达障碍，并及时补发文件，因此，令送达人其承担送达障碍的风险也更为合适。实践中，仲裁过程中涉及的文件众多，包括仲裁通知、指定仲裁员通知、开庭通知、仲裁裁决等，因此，负有送达义务的一方往往会多次向受领人发出文件，在后续送达文件的过程中送达人可以就前次送达情况向邮局进行查询，实践中邮件投递状态往往可以查询到。[①]因此，送达人往往更可能发现某一送达文件由于出现了不可归责于双方当事人的事由而存在送达障碍，并可以及时采取补救方案，如补发文件并推后开庭日期等。

五、结论

法院在对于送达行为的判断中，应当从送达人义务以及受领人义务的角度来进行考察，送达行为是否有效的问题，应转化为前述两方对于具体义务

---

① 实践中邮件投递状态往往是可以查询到的，如有案件中提到“显示签收”，参见沈阳宝冠教育投资有限公司申请撤销仲裁裁决案，北京市第四中级人民法院（2020）京04民特513号民事裁定书；也有案件中提到“《邮件全程跟踪单》显示邮件先‘妥投’后被‘拒收退回’”，参见北京市第二中级人民法院（2017）京02民特113号民事裁定书。虽然可能不同案件中查询方式不同，对投递状态具体描述也可能不同，但仍可以看出邮件投递状态能够通过查询获得。

的履行问题。从送达义务人的角度而言，其基本义务为尽力送达，而且应考虑主观上是否存在对方知悉的合理期待。送达人的尽力送达义务在实践中主要表现为：在确定送达地址过程中履行合理查询义务；邮寄时选择合适的邮寄方式；寄送文件过程中预留充分送达期限。从受领人的角度而言，受领人有义务确保受领设施不存在问题，具体而言，为履行告知义务以及确保受领设施具有受领通知的能力，但是不应对受领人引入责任制度，避免司法程序对于仲裁程序的过度扩张。不可归责于双方事由导致履行障碍的情况应视为未送达。

国际商事仲裁中排除撤销程序协议的效力问题

徐　途*

● **摘　要**

在国际商事仲裁中，排除撤销程序协议的效力问题在不同国家有不同的立法实践。本文在对比各国立法模式的基础上，从理论基础和政策因素两个方面评析排除协议的效力问题。理论上，排除协议生发于非国内化理论，并与司法主权有紧张关系；政策上，影响各国是否认可排除协议的因素有仲裁的公正性、效率和双重司法审查的不利性。最后，从提升仲裁地的吸引力出发，中国应该有限制地接纳排除协议。

● **关键词**

排除撤销程序协议　国际商事仲裁　意思自治　司法介入

Abstract: In international commercial arbitration, there are different legislative practices on the validity of exclusion agreements of set-aside proceedings. On the basis of comparing the different approaches of various countries, this article reviews and analyzes the theoretical basis and policy factors of exclusion agreements. In terms of theory, exclusion agreements originated from the theory of de-localization

* 徐途，中国政法大学国际法学院 2020 级硕士。

and has a tense relationship with judicial review. In terms of policy, the factors that affect whether countries accept this types of agreement include fairness and efficiency of arbitration and the disadvantages of double judicial review. Finally, in order to increase the attractiveness, China should accept exclusion agreements of set-aside proceedings with proper restrictions.

Key Words: exclusion agreements of set-aside proceedings, international commercial arbitration, party autonomy, judicial review

一、问题的提出

在国际商事仲裁中，仲裁地法院可以对生效的仲裁裁决行使撤销权，这是司法监督仲裁的一种重要形式。撤销仲裁裁决彻底否定了裁决在撤销地国的效力，并且可能会导致别国拒绝承认和执行该裁决的结果。当事人为减少这种情况的发生，可能会达成任何一方当事人不得向法院申请撤销的合意。

确切来说，国际商事仲裁中排除撤销程序协议（以下简称排除协议）[①]是指仲裁双方达成的约定任何一方不得向法院申请撤销仲裁裁决的协议，或者约定不得以某些特定的情形作为申请撤销裁决的依据的协议。目前，各国对排除协议效力的认定有较大分歧，以瑞士为首的一些国家有限度地承认了排除协议的效力，而另一些国家则通过立法确认该种协议无效，大多数国家的实体法律对此保持沉默。我国司法认为，向仲裁地法院申请撤销仲裁裁决是当事人的“法定权利”，无法协议排除，[②]因此不认可排除协议的效力。每个国家对国际商事仲裁性质的认识各不相同，对“非国内化理论”的接纳程度也

① 国际商事仲裁中的排除撤销程序协议（exclusion agreement，waiver agreement，renunciation agreement），有学者称为国际商事仲裁的排除协议，参见赵秀文：《国际仲裁中的排除协议及其适用》，载《法学》2009 年第 9 期，第 143 页。也有学者称为排除仲裁地司法审查协议，参见桑远棵：《论排除仲裁地司法审查协议与〈欧洲人权公约〉第 6.1 条的一致性——以欧洲人权法院 Tabbane v. Switzerland 案为例》，载《国际经济法学刊》2021 年第 1 期，第 145 页。

② 参见宋连斌、黄保持：《排除仲裁裁决司法追诉对仲裁协议效力的影响》，载北京仲裁委员会/北京国际仲裁中心组编：《北京仲裁》2019 年第 3 辑，中国法制出版社 2019 年版，第 20 页。

有差异，这是国家之间对于排除协议的效力问题出现分歧的主要原因。并且，各国在该问题上的立法选择主要受一些政策因素的影响。有一种实践意见认为，排除协议与司法主权相矛盾，但这种观点的合理性值得商榷。本文将在对比典型实践的基础上，通过分析有哪些影响各国立法的政策因素以及应该如何看待这些政策因素，总结如何处理排除协议的效力问题最有利于国际商事仲裁的发展。

二、典型实践

2016年，欧洲人权法院在Tabbane v. Switzerland案中第一次对排除协议的效力问题作出回应，引发了热烈讨论。本文将先从各国国内仲裁法的实践出发，总结各国不同的立法模式，进而引申至Tabbane v. Switzerland案。

（一）各国立法实践

目前，由于《联合国国际贸易法委员会国际商事仲裁示范法》（以下简称《示范法》）对该种协议没有作出规定，各国国内立法对排除协议的有效性采取了截然不同的立场（见下表）。一些国家通过实体法律对该问题作出回应，其中有些国家——如瑞士、法国——认为排除协议是有效的，不过这些国家或多或少地附加了一些限制；有些国家直接通过立法确认该协议无效，如意大利。而大多数国家没有通过实体立法，而是在案例中表明了本国态度，其中有一些国家甚至出现了相互矛盾的判决，以下详述。

排除撤销程序协议效力在各国的实践表

通过实体法律规定	有效	限制主体	如瑞士、比利时①
		不限制主体	如法国、俄罗斯②
	无效		如意大利③、加拿大④

① 2013年《比利时司法法典》第1718条。比利时采取了和瑞士大致相同的态度，即允许在比利时没有住所、居所、营业地的外国人达成排除撤销程序协议。

② 2015年《俄罗斯联邦法律第382-FZ 2015年12月29日关于俄罗斯的仲裁（仲裁程序）》，第40条。俄罗斯允许当事方在国内和国际仲裁程序中放弃仲裁地的撤销权，并不论当事人的住所地。

③ 2015年《意大利民事诉讼法典》第829条。

④ 2016年《加拿大统一仲裁法》第4条和第66条。

续表

无实体法律规定	有效	如突尼斯[①]
	无效	如新西兰[②]、德国
	存在矛盾实践	如美国

1. 瑞士

瑞士是最早在国际仲裁中规定允许当事方协议排除撤销程序的国家之一。1987年出台的《瑞士联邦国际私法》第192条规定，“如果双方当事人都在瑞士既没有住所、习惯居所，又没有营业机构的，他们可以通过书面形式放弃就仲裁庭作出的有关实质问题的裁决而向瑞士法院提起上诉的权利。他们还可以就本法第190条第2款的规定，放弃上诉权利”[③]。该条文体现了瑞士较为谨慎的态度，在赋予当事方选择权的同时也附加了诸多限制。首先，该种权利的主体仅限于在瑞士既没有住所、习惯居所，又没有营业机构的当事方，如此规定是为了保护本国国民的利益。其次，瑞士要求双方必须通过书面形式作出协议，并且瑞士联邦法院在案例中说明，该种协议必须明确，如果仅是当事人选择的仲裁规则中包含类似的条款，此条款并不足以构成明示的排除协议。[④]同样地，一方提供的格式合同也无法认定为双方达成了此种协议。[⑤]另外，瑞士法律既允许当事方完全排除撤销程序，也允许当事方排除部分撤裁的根据，这与法国、德国的立法选择不同。

① See Judgment of 18 January 2007，Case No. 4674（Tunisian Cour de Cassation）.

② See，Methanex Motunui Ltd v. Spellman，［2004］3NZLR454（Wellington Ct.App）.

③《瑞士联邦国际私法》第190条第2款规定，“但是遇有下述情况，当事人可以提出异议：（一）仲裁员的指定或仲裁庭的组成不合乎规则的；（二）仲裁员声明对该案无管辖权的；（三）仲裁庭所选定的仲裁员超出当事人指定的范围的；（四）仲裁中没有体现平等原则，当事人的权益没有得到合法维护的；（五）仲裁裁决违背公共秩序的。”

④ See Carl Ulrich Mayer，‘Exclusion Agreements According to Article 192 of the Swiss Private International Law Act’，17 *ASA Bulletin*，200（1999）.

⑤ Judgment of the Swiss Supreme Court of 22 Mar. 2007，case 4P_172/2006，published in the official Swiss Supreme Court Reports ATF 133 III 235，also published in ASA Bull.572（2007）. Qtd. in Weiyi Tan，“Allowing the Exclusion of Set-Aside Proceedings：An Innovative Means of Enhancing Singapore’s Position as an Arbitration Hub”，15 *Asian International Arbitration Journal*，96（2019）.

2. 法国

《法国民事诉讼法典》第1522条同样规定国际仲裁中的当事人可以放弃其在国际商事仲裁中申请撤销的权利，行文如下，“通过明确的协议的方式，当事人可以随时放弃提起撤销裁决的诉讼的权利”。法国相对于瑞士来说，更加放松了对排除协议主体的限制，也就是说，法国本国的当事方也可以达成排除协议，但仍然要求协议达到“明确的标准”。另外，法国并不允许当事方仅排除某些撤销理由，该种排除必须包括全部5种理由。[①]

3. 德国

德国选择了一条与法国相反的路径。在德国法律中，法院不支持完全放弃对仲裁裁决的司法审查的协议，但是却认为部分排除某些撤裁根据的协议有效。[②]普遍认为，在德国，当事方可以协议放弃对特定撤销理由进行司法审查的权利，只要这些理由与保护公众或第三方的利益无关。

4. 美国

美国法院在某些案例中笼统地认为排除撤销程序的协议是违反联邦仲裁法的，如在Hoeft v. MVL Group案中，美国第二巡回法庭认为虽然仲裁协议是私人合同，但是司法审查并不是意思自治的产物，司法审查不是由当事人授权的，因此也不能由当事人排除，允许通过合意排除司法审查将会导致当事人以及司法系统的权利被侵害。[③]但与之矛盾的是，美国又在某些案例中承认了排除撤销程序协议的合法性，如在O'Rourke v. Lunde案中，佛蒙特州高级法院认为，如果当事方意图排除仲裁的撤销程序，则必须通过准确无误的语言表示。[④]

不过，目前较为一致的观点是排除协议需要满足严格的形式要件，单纯笼统地在仲裁协议中规定“该裁决是终局的”并不能推断出双方达成了此种协议。另外，大多数国家认为，如果仅是在选择适用的仲裁规则中包括类似排除协议的条款，也不意味着当事人达成了此种协议。

---

① 2011年《法国民事诉讼法典》第1520条、第1522条。

② See Judgment of 26 September 1985, 1986 NJW 1436 (German Bundesgerichtshof).

③ See Hoeft v. MVL Group, 343 F. 3d 57, (2d Cir. 2003).

④ See O'Rourke v. Lunde, 104 A.3d 92, (Vt.2014).

（二）欧洲人权法院 Tabbane v. Switzerland 案[①]

2016 年 3 月 1 日，欧洲人权法院就 Tabbane v. Switzerland 一案作出不受理的决定，认为《瑞士联邦国际私法》第 192 条并没有侵犯申请方诉诸法院的权利。申请人 Tabbane 是一名突尼斯商人，在 2008 年与一家法国公司签订了一份包含仲裁协议的合同，仲裁地在日内瓦。仲裁协议中包含排除所有上诉的条款，原文为“仲裁裁决是终局的且具有约束力，任何一方均无权在任何法院提出上诉（appeal）”。2008 年，法国公司向国际商会仲裁院申请仲裁，国际商会仲裁院于 2011 年 3 月作出裁决，支持了法国公司的申请理由。Tabbane 于 2011 年 4 月向瑞士联邦法庭提出撤销仲裁裁决的申请，瑞士联邦法庭认为双方已经协议排除了撤销程序，Tabbane 方无权申请撤销。于是，Tabbane 向欧洲人权法院提出申请，认为瑞士法院侵犯了自己诉诸法院的权利。

欧洲人权法院认为，申请人已经在仲裁协议中明确且自愿地选择了放弃后续上诉的权利，仲裁协议的条款既不武断，也不无理，申请人亦通过该协议进行了合法正当的仲裁程序。并且，瑞联邦法院也听取了申请人的请求，考虑了所有与案件有关的事实和法律，判决合理。此外，欧洲人权法院在决定书中分析了《瑞士联邦国际私法》第 192 条是否违背了《欧洲人权公约》第 6 条的规定。人权法院认为，争议法律——《瑞士联邦国际私法》第 192 条的立法目的有两个方面。首先，是为了增加瑞士国际仲裁的吸引力和效率，避免进行双重司法审查；其次，是为了能减轻法院的负担。以上两种目标与瑞士法律采取的手段——允许非当地方协议排除上诉的比例是合理的。因此，人权法院以明显缺乏根据拒绝受理了请求。

欧洲人权法院对 Tabbane v. Switzerland 案的决定表明，是否承认排除协议的效力实质上是一个政策选择的问题，排除协议并不当然违背自然公正或者当事人的利益。这份决定亦说明，只要规定得当，此种协议不会违反《欧洲人权公约》，该案对于仍未明确是否承认排除协议效力的国家颇具借鉴意义。

---

① Tabbane v. Switzerland（application no. 41069/12），ECtHR（3rd. Section），Decision，March 1，2016，http://hudoc.echr.coe.int/eng?i=001-189376（Last visited on June 11，2021）.

三、评析排除撤销程序协议

排除协议体现了当事方意思自治与一国司法权的紧张关系，本文将从理论基础和政策因素两个方面进行评析。

（一）排除撤销程序协议何以可能

排除协议生发于“非国内化理论”，各国对该理论的接纳程度各不相同。另外，排除协议效力的核心问题是探讨当事方的意思自治能否排除一国的司法审查权，对此，不同国家也有不同的看法。如何看待这些理论问题，决定了对排除协议效力的不同态度。

1. 非国内化理论

“非国内化理论”（de-localization），又称“非当地化理论”“浮动仲裁理论”，是指在当事人意思自治基础上建立一种不受仲裁地国法，甚至不受任何特定国家国内法支配和约束的“非国内化”国际商事仲裁体系。[①] 仲裁程序适用仲裁地法本是一项被广泛接受的原则，但是随着国际商事仲裁的发展，当事方在选择仲裁地上具有较大的随意性，学者也开始反思起仲裁地法与仲裁的实际联系性，“非国内化理论”逐渐兴起。

“非国内化理论”根植于对仲裁程序适用仲裁地法的批判上，这些批判主要包括以下内容。首先，即使仲裁地法不承认仲裁裁决的效力，其他国家仍有权承认仲裁的合法性及其裁决的强制执行力。[②] 其次，当事人选择某一地点作为仲裁地，可能并非想适用该地的仲裁法，而是一种随意的选择或者是出于可执行、方便仲裁的实际考虑。此时，若仍然主张仲裁程序适用仲裁地法并不合理。最后，从国际商事仲裁的效力来源来说，它是当事人合意的结果，当事方的意愿应该被优先尊重。[③] 不过，在实践中，“非国内化理论”因过于理想化而被诟病。比如，完全摆脱仲裁地法院的司法审查可能会导致当事方无法获得必要的司法协助，使得仲裁程序难以进行。

---

① 参见王瀚：《国际商事仲裁的非当地化理论之探析》，载《法律科学》1998年第1期，第60—61页。

② See Jan Paulsson, Arbitration unbound: Award detached from the law of its country of origin, 30 *International and Comparative Law Quarterly*, 363（1981）.

③ 参见郭玉军、陈芝兰：《论国际商事仲裁中的“非国内化”理论》，载《法制与社会发展》2003年第1期，第106页。

在国际商事仲裁中，“非国内化理论”体现在两个方面，即仲裁程序法适用的“非国内化”和仲裁裁决撤销的“非国内化”，前者是指当事人或仲裁庭可以选择将仲裁地国之外的国家法律作为仲裁程序的准据法，甚至包括一般法律原则、惯例等，后者则是指在国际商事仲裁裁决的撤销上，当事人可以协议排除仲裁地国法院的撤销程序。[①]“非国内化理论”为协议排除撤销程序提供了理论上的支撑，从各国立法实践来看，一个国家在多大程度上接纳了“非国内化理论”，将深刻影响到该国是否允许协议排除撤销程序。就如法国而言，在司法实践中，法国法院表现出了十分支持“非国内化理论”的倾向，认为国际商事仲裁不受仲裁地的司法控制，仲裁地作出的撤销判决在法国不产生域外效力。[②]相对地，在排除撤销程序协议的效力问题上，法国同时允许国内和国外当事方达成此种协议。

总之，“非国内化理论”尽管有过于理想化之嫌，但是它给仲裁带来的自由化、效率化的优势不能否认，由此生发的允许排除协议也已被一些国家接纳。

2. 意思自治与司法审查权

意思自治是仲裁的基本原则。意思自治渗透在仲裁的方方面面，仲裁程序开始的前提就是存在当事人合意的仲裁协议，并且当事方可以通过意思自治选择最适合解决争议的仲裁员、仲裁地和准据法。甚至可以认为，当事人选择仲裁，就是通过意思自治来排除一定程度上的司法审查的介入。从支持当事人意思自治的角度出发，允许当事方协议排除撤销程序是题中应有之义，毕竟，当事人选择仲裁作为争议解决的方式就隐含着一种排斥司法审查的倾向。

美国法院在 Hoeft v. MVL Group 案中认为，虽然仲裁协议是私人合同，但是司法审查并不是意思自治的产物，司法审查不是由当事人授权的、因此也不能由当事人排除，允许通过合意排除司法审查将会导致当事人以及司法

---

① 参见张美红:《法国国际商事仲裁程序完全“非国内化”模式及我国的选择》，载《社会科学家》2014 年第 9 期，第 106 页。

② 参见桑远棵:《论排除仲裁地司法审查协议与〈欧洲人权公约〉第 6.1 条的一致性——以欧洲人权法院 Tabbane v.Switzerland 案为例》，载《国际经济法学刊》2021 年第 1 期，第 150 页。

系统的权利被侵害。[①] 美国法院的这种观点揭示了在判断排除协议效力时的一个关键问题，即通过仲裁中的意思自治能否排除一国的司法审查权？本文认为，应该从国际商事仲裁的性质出发来分析该问题。一直以来，关于国际商事仲裁的定性有四种理论，分别是契约论、司法权论、混合论和自治论。契约论强调仲裁过程中的当事人的意思自治。司法权论认为，仲裁的本质在于国家司法权力的授权或让与。而学者普遍赞同的是混合论或者自治论，前者将仲裁看作一种混合的特殊司法制度，后者认为仲裁的合法性根植于一个独特的、超国家性的法律秩序，可以被称为仲裁法律秩序。[②] 很明显，契约论和司法权论在理论上都不够完善，因为“分析仲裁协议和它在仲裁过程中的作用，必须联系契约的原则；而分析仲裁员的功能、仲裁程序和仲裁裁决，必须参照裁判规则和既判力原则”，因此，“在所有案件中，都应该将仲裁作为一门独特而自主的专业领域”。[③]

本文认为，赞同契约论，则会认为当事方的意思自治能够支配司法审查权；而赞同司法权论，就会认为司法审查优先于当事人意思自治。但国际商事仲裁的混合性、自治性的性质不可忽略，因此在讨论司法权与仲裁意思自治的关系时，不能一概而论。国际商事仲裁裁决在承认和执行的时候，需要司法作为仲裁裁决效力的背书，在此之前，司法权对国际商事仲裁的干预应持谨慎态度。因此，在撤销程序中，不能简单地认为一国司法权优先于当事人的意思自治。

退一步说，虽然司法审查权和一国主权紧密相连，但是在国际商事仲裁如此发达的今天，经常会出现一些与仲裁地没有实质联系的案件，在这种情况下，仍然是当事人通过选择仲裁地来选择受到哪国司法权的监督。当一个案件的事实与仲裁地没有实际联系时，当事人在保证公平正义的前提下合意排除仲裁地法院的司法审查，既不会对当事人的利益造成损害，也很难认定为是损害了一国的司法主权。在这种情况下，仍然否定排除协议的效力，是一国司法主权的不当扩张。

---

① Hoeft v. MVL Group, 343 F. 3d 57,（2d Cir. 2003）.

② See Gary B. Born, *International Commercial Arbitration*, Vol.I, 3rd edition, Kluwer law International, 2021, pp.213–214.

③ Ibid, p.214.

（二）影响立法纳入排除撤销程序协议的因素

1. 仲裁的公正

意思自治是仲裁的基石。但不可否认，意思自治在仲裁中是有边界的，“国际商事仲裁意思自治原则是根植于特定国家法律秩序体系下的次生性自治秩序，总要受到特定国家的法律秩序的限制”①。赋予当事人对仲裁裁决申请撤销的权利，目的是通过司法权的介入以保证仲裁的公正性，确保受到不公正待遇的当事方能得到司法救济。因此，反对排除撤销程序协议者认为，如果允许通过意思自治排除这种权利，则仲裁的公正性将会受到损害。② 保障仲裁公正是为了保护当事方的合法权益，在仔细分析排除协议和当事方利益之间的关系之后，本文认为这种批评缺少说服力。

第一，欧洲人权法院在 Tabbane v. Switzerland 案中已经指出，瑞士法背景下的排除协议于人权无碍。

第二，申请撤销并不是当事方进行司法救济的唯一方式，承认和执行阶段的司法救济在多数情况下也可以起到这一作用。申请撤销仲裁裁决是一种主动的救济，而在承认和执行阶段的抗辩是被动的救济，但两者在性质和范围上有所重合。有大约 80 个国家的国内仲裁法全部或部分地以《示范法》为蓝本，其规定的裁决撤销事由与《纽约公约》第 5 条规定的拒绝承认与执行裁决的事由大致相同，因此，只进行承认和执行阶段的抗辩就已经足够。③ 撤销程序并不是保证仲裁公正的最后一道防线，甚至，当事人的利益集中体现在仲裁裁决的执行上，抽象的法律适用对于当事人而言无所谓利益或不利益，只有在执行阶段，司法审查对仲裁加以控制才是与仲裁程序最相关的一个因素。④ 在大多数情况下，允许当事人协议排除撤销程序并不意味着当事人就此丧失了司法救济的权利，当事人还可在后续的承认和执行阶段来保护自己的权利，于仲裁的公正性无实质损害。

---

① 林一：《国际商事仲裁意思自治原则论纲》，华东政法大学 2015 年博士学位论文，第 7 页。

② See Amazu A. Asouzu, “A Threat to Arbitral Integrity”, 12 *Journal of International Arbitration*, 160–161 (1995).

③ See Weiyi Tan, “Allowing the Exclusion of Set-Aside Proceedings: An Innovative Means of Enhancing Singapore’s Position as an Arbitration Hub”, 15 *Asian International Arbitration Journal*, 89(2019).

④ 参见郭玉军、陈芝兰：《论国际商事仲裁中的“非国内化”理论》，载《法制与社会发展》2003 年第 1 期，第 108 页。

第三，在国际商事仲裁中，常常允许当事人用默示的方式来放弃司法审查。比如，在意识到争议超过仲裁协议的范围时，当事人没有对仲裁庭的管辖权提出异议，则通常认为当事人无法再根据仲裁庭无管辖权的理由抗辩。[①]再如，友好仲裁、无理由仲裁裁决，[②]这两种形式的裁决实质上都通过当事人的合意排除了司法审查，那么，在双方一致同意的情况下，却不允许排除撤销程序，这似乎没有什么合理性。

但不可否认，仲裁的双方很可能因为资源、信息和地区的差异，有力量上的不对等。但是，在跨国的商事仲裁中，大多是平等主体之间的商业纠纷，当事方在仲裁中地位悬殊这种情况并不多见。并且已有学者针对这一问题提出了设想，认为应该把仲裁中的排除协议归类为免责条款，用免责条款效力的解释方法来解释排除协议的内容，如不利于提供者原则（Contra Proferentem）。[③]运用这种解释方式，会给排除协议带来更严格的限制，也有利于当事方利益的保护。

2. 仲裁的效率

当事方协议达成排除撤销程序，有利于一裁终局、提升仲裁的效率。排除协议可以阻止一方当事人以提起撤销程序为由拖延裁决的执行，这也是促使当事方达成此种协议的最大动因。

值得一提的是，由于撤销仲裁裁决是对仲裁的根本否定，在别国也可以产生否认仲裁裁决的效力，而拒绝承认和执行通常只在执行地国有效，所以在有多个执行地的情况下，当事方很可能更希望启动撤销程序以取得一劳永逸的效果。但是，很多案件表明，对于仲裁当事方来说，法院撤销一项仲裁裁决有时候并不意味着结束，反而是更多诉累的开始。由于《纽约公约》赋予了承认和执行地法院自由裁量权，已撤销的仲裁裁决也有可能在别国获得

---

① See Maxi Scherer, "The fate of parties' agreements on judicial review of awards: a comparative and normative analysis of party-autonomy at the post-award stage", 32 *Arbitration International*, 449 (2016).

② See Gary B. Born, *International Commercial Arbitration*, Vol.I, 3rd edition, Kluwer law International, 2021, pp.213-214.

③ See Edwin Teong Ying Keat, "Calling a Spade a Spade: Making the Case for Construing Exclusion Agreements in Arbitrations Exclusion Clauses", 87 *Arbitration: The International Journal of Arbitration, Mediation and Dispute Management*, 45-66 (2021).

承认和执行。[①] 当事方很有可能抓住这一点继续申请承认和执行，因此，被撤销仲裁裁决有可能再次“复活”，这个过程只会给当事方造成更多资源的浪费。

3. 解决双重司法审查的弊端

由于撤销理由与拒绝承认和执行理由的重合性，一项仲裁裁决往往会经受撤销阶段与承认和执行阶段的双重司法审查，这种双重司法审查的弊端其实超过了撤销程序对仲裁公正性的保障。

首先，双重司法审查不利于仲裁的公平。从仲裁当事方出发，申请撤销一项仲裁裁决，往往是拖延诉讼的一种手段。在法院最终决定是否撤销裁决之前，可能存在一方转移财产的风险。其次，双重司法审查会造成当事方时间、金钱和司法资源的浪费，不利于仲裁的效率。最后，双重司法审查会造成判决结果的相互冲突。在一项裁决需要在仲裁地国以外的国家执行时，即使其在仲裁地国没有被撤销，承认和执行地的法院仍有可能拒绝承认和执行，导致相互冲突的决定。典型的例子，如 Dallah Real Estate and Tourism Holding Co v. The Ministry of Religious Affairs，Government of Pakistan，[②] 在该案中，裁决是法国法院作出的。在法国撤销程序终结之前，Dallah 公司在英国申请承认和执行该裁决。英国法院却以缺乏有效的仲裁协议为由拒绝执行。几个月后，巴黎上诉法院得出了相反的结论，并在撤销程序中认为该裁决合法有效。对于同一项仲裁裁决却牵涉两个不同法域的并行的司法审查，如果出现如 Dallah 案中的情况，对于当事方来说，无疑是对仲裁的程序公正和效率的极大损害。

在双重司法审查的重重弊端下，有学者甚至开始思考是否应该废除仲裁撤销制度，[③] 尽管废除撤销仲裁制度在目前看来没有必要，但是双重司法审查给国际商事仲裁发展带来的不利影响也不能轻视，适当允许当事方达成协议

---

① 参见肖永平、廖卓炜：《已撤销仲裁裁决在美国的承认与执行》，载《经贸法律评论》2019 年第 2 期，第 49—59 页。

② See Dallah Real Estate and Tourism Holding Co v The Ministry of Religious Affairs，Government of Pakistan 469（UKSC，2010）. Also see Gouvernement du Pakistan—Ministe're des affaires religieuses v Socie′ te′ Dallah Real Estate and Tourism Holding Company，Cour d'appel de Paris，Case nos 09/28533，09/28535 and 09/28541（17 February 2011）;（2011）1 Revuede l'Arbitrage 286.

③ See Albert Jan van den Berg，“Should the Setting Aside of the Arbitral Award be Abolished?”，*ICSID Review*，1-26（2014）.

排除撤销程序，弹性地赋予当事方以选择权，可能正是解决双重司法审查问题的方法。

（三）可能出现的问题

对于仲裁的申请方来说，如果达成了排除协议，万一该方在仲裁过程中遭受不公正待遇，并且请求没有被仲裁庭支持，因其无法再进行后续的承认和执行程序，也就丧失了唯一的司法救济方式。[①] 这个问题可以通过引入具体的法律条款来解决。为了保障国际商事仲裁申请方的利益，尽管当事方可以选择排除撤销程序，但该制度仍需设置例外的情况来提供最低限度的保障，以维护特殊情况下仲裁程序的公正性。[②] 比如，在存在欺诈、腐败或者违背自然正义的情况下，当事方达成的排除协议应被视为无效。

四、对我国的启示

各国对于国际商事仲裁性质的认定，在很大程度上决定了该国的立法取向，从而影响了该国是否允许协议排除撤销程序。我国在国际商事仲裁中一直趋于保守，这也体现在对待排除协议的效力问题上。在“厦门优传供应链有限公司与 Lionello Marchesis 申请确认仲裁协议效力申请案”中，法院认为，“申请撤销仲裁裁决或申请不予执行均为《中华人民共和国仲裁法》赋予当事人的权利”，是无法通过协议排除的。[③]

通过分析，尽管在立法层面上，不同国家对于排除协议的效力问题有不同的立场，但在理论上，是否承认排除协议主要受到一些政策因素的影响。在一定的前提下，承认排除协议更有利于相关的政策因素发挥促进国际商事仲裁发展的作用。本文认为，在未来仲裁法的改革中，我国应借鉴国际上的有益实践，大胆且谨慎地对待排除撤销程序协议的效力问题。一方面，允许此种协议并不会实质性地损害仲裁的公正，或者是侵害当事人的权益。另一方面，允许协议排除撤销程序除了会有利于提高仲裁的效率和解决双重司法审查的弊端，还将提升中国对国际商事仲裁案件的吸引力，更有利于打造中国成为世界首选的仲裁地。伦敦大学玛丽皇后学院 2021 年 5 月 7 日公布的 2021

① See Maxi Scherer，Supra note 2 in page 10，p.451.

② See Weiyi Tan，Supra note 3 in page 9，p.114.

③ 参见北京市第二中级人民法院民事裁定书（2014）二中民特字第 06075 号。

年国际仲裁调查报告显示，在五个国际首选仲裁地中，巴黎和日内瓦分别位列第四和第五，[①]两地的实体立法不约而同地选择了承认排除协议撤销程序为有效的模式。另外，越来越多的国家——如俄罗斯——在最近的立法中，从不允许当事人达成此种排除协议，转而倾向于支持排除协议的有效性。可以认为，支持协议排除撤销程序更符合国际商事仲裁改革的潮流。

但结合我国目前对仲裁司法审查的双轨制的现状，在国内仲裁和国际仲裁中一并承认此种协议的效力难度颇大，因此本文认为，应借鉴瑞士的模式，在准许仲裁当事方协议排除撤销程序的同时，对此种权利加以限制。首先，应限制适用的范围，只有与我国没有实际联系的国际商事仲裁案件的当事方才允许达成此种协议。其次，要求协议必须符合特定的形式要件与实质要件，必须以书面形式作出，且简单约定“一裁终局”的条款和仅选择包含此种条款的仲裁规则不能认定为达成了排除协议。最后，需设定例外情形，在违反公共利益或公平正义的情况下，此种协议无效。

① Queen Mary University of London，School of International Arbitration and White &Case LLP，2021 International Arbitration Survey：Adapting Arbitration to a Changing World，at http://www.arbitration.qmul.ac.uk/media/arbitration/docs/2021-International-Arbitration-Survey-Adapting-arbitration-to-a-changing-world.pdf，（Last visited on June 13，2021）.

新冠肺炎疫情下国际商事仲裁中仲裁庭对远程庭审的自由裁量权研究

许凯婷 *

● **摘　要**

新冠肺炎疫情的暴发令远程庭审成为国际商事仲裁中普遍使用的开庭方式，仲裁庭是否对远程庭审享有自由裁量权，尤其在当事人表示反对时能否径行决定远程庭审成为国际仲裁界十分关注的话题。本文从国际商事仲裁基本理论出发，讨论仲裁庭对远程庭审这一开庭形式的自由裁量权基础，以及行使自由裁量权时的限制条件，为远程庭审在国际仲裁实践的持续适用提供论证思路。同时，本文结合远程庭审的发展趋势，为中国仲裁界对远程庭审的态度转变提供相应建议。

● **关键词**

远程庭审　自由裁量权　正当程序　国际商事仲裁

Abstract: The COVID-19 pandemic has driven the intensive use of remote hearings in international commercial arbitration, parties, counsels and arbitrators are concerned about the tribunal's discretion

---

* 许凯婷，复旦大学法学院2020级法学硕士。

to hold a hearing remotely, particularly when one or both parties raise their objection against such decision. Based on the basic theories of international commercial arbitration, this article discusses the basis of the tribunal's discretion on remote hearings and relevant constraints on the exercise of such power, pathing the way for remote hearings to remain in future international arbitral proceedings. Additionally, this article provides suggestions on the change of attitude towards remote hearings in China in the wake of the pandemic.

Key Words: remote hearings, discretion, due process, international commercial arbitration

引 言

新冠肺炎疫情的暴发给国际纠纷解决带来了巨大挑战，一时之间，国际商事仲裁这一广受青睐的纠纷解决方式被迫陷入停滞。为了在疫情期间如期进行仲裁，多数案件选择远程庭审，通过即时通信技术在网络空间开庭审理案件。根据学者 Gary B. Born 等的数据统计，2020 年 3 月至 6 月，81% 的线下仲裁庭审转为远程庭审，远程庭审的案件量较同期增长近 3 倍。① 远程庭审的广泛使用引发了新的法律问题，即仲裁庭对远程庭审的自由裁量权，尤其在当事人反对的情况下，仲裁庭径行决定远程庭审是否影响仲裁裁决的效力。本文将围绕该问题展开讨论。

本文共分为五个部分：第一部分对远程庭审和网络仲裁进行辨析，明确文章的讨论对象仅限于远程庭审；第二部分讨论仲裁庭对远程庭审自由裁量权的来源，从仲裁协议、仲裁法和仲裁规则三个方面进行分析；第三部分讨论仲裁庭自由裁量权的限制因素；第四部分结合我国仲裁法未明确认可仲裁庭自由裁量权的现状，为仲裁法修改提出建议；第五部分为结论。

---

① Gary B. Born, Anneliese Day & Hafez Virjee, *Empirical Study of Experience with Remote Hearings: A Survey of Users' View*, in Maxi Scherer, Niuscha Bassiri, et al. eds., International Arbitration and the COVID-19 Revolution, Kluwer Law International, 2020, p.202.

一、概念辨析：远程庭审和网络仲裁

远程庭审与网络仲裁（Online Arbitration）或网上争议解决（Online Dispute Resolution，ODR）并非相同概念，但二者的内涵确有交叉，因此有必要从定义上厘清二者的区别与联系。

远程庭审是一种开庭方式，类似概念有在线开庭、远程视频庭审等。[①]学者 Maxi Scherer 等将远程庭审定义为“利用通信技术同时联系位于两个或以上地点的参与人的庭审”，用网络空间庭审取代线下庭审，以克服疾病、旅游禁令等客观障碍。[②]远程庭审首先出现于美国的刑事诉讼程序中，证人或受害人以视频会议的形式在庭审室之外作证，使其不必面对犯罪嫌疑人从而造成二次伤害。[③]目前国际仲裁实践中常用的远程庭审技术，主要包括视频会议技术、电子证据管理系统和实时远程字幕技术等，由仲裁机构或外包服务商提供相应服务，部分远程庭审还会配备专业的技术管理员。[④]根据英国伦敦玛丽女王大学《2018 年国际仲裁调查》的数据，60% 的受访者经常在仲裁中使用视频会议，约有 22% 的受访者已经或经常使用远程庭审室进行仲裁。[⑤]由此可见，远程庭审的落脚点在于使用通信技术在网络空间进行审理，是开庭审理的一种方式，使用范围不限于国际仲裁。

---

① 参见《中国国际经济贸易仲裁委员会关于新冠肺炎疫情期间积极稳妥推进仲裁程序指引（试行）》、中国广州仲裁委员会《远程视频庭审操作流程指引》。

② Maxi Scherer, *The Legal Framework of Remote Hearings*, in Maxi Scherer, Niuscha Bassiri, et al. eds., International Arbitration and the COVID-19 Revolution, Kluwer Law International, 2020. See also Mirèze Philippe, *Offline or Online? Virtual Hearing or ODR*, Kluwer Arbitration Blog http://arbitrationblog.kluwerarbitration.com/2020/04/26/offline-or-online-virtual-hearings-or-odr/?doing_wp_cron=1592824924.2867610454559326171875.

③ See Richard D. Friedman, *Remote Testimony*, 35（4）University of Michigan Journal of Law Reform 695（2002）; Lorne Sossin & Zimra Yetnikoff, *I Can See Clearly Now: Videoconference Hearings and the Legal Limit on How Tribunals Allocate Resources* 25 Windsor Year Book of Access to Justice 247（2007）.

④ Eric Ng, *Evolution or Revolution? Virtual Hearings and Adaptation in the Face of Global Disruption*, in Romesh Weeramantry & John Choong eds., 22（4）Asian Dispute Review 173（2020）pp.173-174.

⑤ School of International Arbitration, Queen Mary University of London, *2018 International Arbitration Survey: The Evolution of International Arbitration*, https://www.whitecase.com/publications/insight/2018-international-arbitration-survey-evolution-international-arbitration. 此次调查共回收 922 份网络问卷，进行了 142 次面对面访谈，受访者来自全球五大洲 30 个国家 42 个城市。

网络仲裁是一种仲裁方式，类似概念有在线仲裁、互联网仲裁、网上仲裁等。[①] 目前学界对在线仲裁的理解有“全环节说”和“部分说”。“全环节说”认为仲裁的每一环节均应通过互联网实现，包括订立网络仲裁协议、立案、身份认证、证据交换和调查、跨地域远程办案、以电子签名形式确认仲裁裁决、电子送达等一系列规则安排。[②] “部分说”则认为网络仲裁的创新点就在于利用互联网技术进行信息传输，并非对争议解决方式的根本性变革，传统仲裁的制度框架大多可以适用于网络仲裁，因此不需要全环节在线。[③] 但“部分说”承认网络仲裁有特定适用的案件类型，不像传统仲裁一样适用于所有财产类案件。[④] 中国国际商会《网上仲裁规则》同样将规则的适用范围限定在“电子商务争议”中，[⑤] 说明网络仲裁和传统仲裁仍然存在区别。总结而言，对于采用远程庭审开庭，但其他环节仍与传统仲裁一致的仲裁案件，“全环节说”不认为其属于网络仲裁，而“部分说”则认为其属于网络仲裁。

近来有学者认为“全环节说”过于狭隘，没有考虑到科技在仲裁实践中的普遍性，而“部分说”又过于宽泛，不适当地扩大了网络仲裁的范围，因此应当采取“主要环节说”，即仲裁的全部或主要环节依靠信息技术完成即为网络仲裁。[⑥] 该观点看似中立，但没有明确何为仲裁的“主要环节”，是全部还是部分主要环节在线上进行就属于网络仲裁，在实践中仍会导致混乱。例如，仲裁的证据提交和开庭审理都在线上进行，但裁决送达在线下进行。未经合法送达的裁决书对当事人不发生效力，[⑦] 因此送达必然是仲裁的主要环节，但现有的“主要环节说”不能决定该仲裁属于网络仲裁还是传统仲裁。

---

① 《中国广州仲裁委员会网络仲裁规则》第 4 条第 3 款。

② 魏沁怡：《互联网背景下在线仲裁的适用机制研究》，载《河南社会科学》2020 年第 7 期，第 79—86 页。又见曲光毅、王晓鑫：《论我国在线仲裁制度确立的可行性路径》，载北京仲裁委员会 / 北京国际仲裁中心组编：《北京仲裁》2018 年第 1 辑，中国法制出版社 2018 年版，第 71 页。

③ 陈健、蔡超静、王梦华、张奕婕：《ODR 理论视域下在线仲裁模式研究》，载北京仲裁委员会 / 北京国际仲裁中心组编：《北京仲裁》2019 年第 2 辑，中国法制出版社 2019 年版，第 70—86 页。

④ 同前引，陈健等文，第 72 页。

⑤ 《中国国际贸易促进委员会 / 中国国际商会网上仲裁规则》第 1 条。

⑥ 隋佳彤：《论网络仲裁程序》，西南政法大学 2014 年硕士学位论文，第 4—5 页。张建伟：《网络仲裁协议研究》，华东政法大学 2017 年硕士学位论文，第 5 页。

⑦ 《中华人民共和国民事诉讼法》第 87 条。

为了限定本文的讨论范围，笔者采取网络仲裁“全环节说”，与本文讨论的“传统仲裁 + 远程庭审”作出明确区分。这一立场也与联合国国际贸易法委员会和国际仲裁实务界的立场一致。首先，联合国国际贸易法委员会将网上争议解决定义为“借助电子通信以及其他信息和通信技术解决争议的一种机制”，包括谈判、调解、仲裁等多种形式。[①]若从该定义出发，网络仲裁应当视为网上争议解决的一部分，重点在于优先甚至完全使用信息通信技术进行仲裁，即采取“全环节说”。[②]其次，网络仲裁允许当事人不同时出现在案件解决过程中，双方的观点、证据等可以通过网络传递，甚至不需要开庭审理。[③]这与远程庭审截然不同，后者仍属于开庭审理。最后，网络仲裁与传统仲裁在适用范围、受案程序、证据收集、电子送达等方面确有差别，国内知名的仲裁机构也为其制定专门的网络仲裁规则，区别于其常用的机构仲裁规则。[④]相反，远程庭审只是传统仲裁借助信息通信技术开庭的特殊形式，因此仲裁庭对远程庭审可能享有自由裁量权，但对于网络仲裁，由于其适用的仲裁规则可能发生变化，仲裁庭一般不享有自由裁量权，应当尊重当事人意思自治。综上，采取“全环节说”就可以避免网络仲裁和“传统仲裁 + 远程庭审”之间的概念重叠，有利于学界和实务界针对网络仲裁提出更有针对性的制度设计建议，也有利于本文主题的开展。因此，本文只讨论国际商事仲裁的仲裁庭在“传统仲裁 + 远程庭审”这一语境下的自由裁量权，不讨论仲裁庭对网络仲裁的自由裁量权。

二、仲裁庭采取远程庭审的自由裁量权基础

国际商事仲裁具有公平中立、灵活高效、量身定做的特点，仲裁当事人无须受制于一国法院的程序法，可以自由选择纠纷解决适用的程序规则，并在程序事项中赋予仲裁庭广阔的自由裁量权，除非当事人另有相反约定，仲

① 《联合国国际贸易法委员会关于网上争议解决的技术指引》第 2 条、第 24 条。

② Mirèze Philippe, *Offline or Online? Virtual Hearing or ODR*, Kluwer Arbitration Blog (Apr. 26, 2020), http://arbitrationblog.kluwerarbitration.com/2020/04/26/offline-or-online-virtual-hearings-or-odr/?doing_wp_cron=1592824924.2867610454559326171875.

③ Richard Susskind, *Online Court and the Future of Justice*, Oxford University Press, 2019, p.60.

④ 参见《中国国际贸易促进委员会 / 中国国际商会网上仲裁规则》《中国广州仲裁委员会网络仲裁规则》《深圳国际仲裁院网络仲裁规则》。

裁庭有权决定仲裁程序的具体形式。[①] 然而，在新冠肺炎疫情的背景下，仲裁庭是否有权决定远程庭审成为仲裁界十分关注的话题，主要原因在于当事人签订仲裁协议时一般不会约定排除远程庭审，仲裁庭出于程序效率的考量可能决定以远程形式开庭，但如果一方甚至双方当事人反对远程庭审时，仲裁庭是否有权径行决定远程庭审将直接影响到裁决的效力和执行。下文将从仲裁协议、仲裁地法和仲裁规则三个层面分析仲裁庭决定远程庭审的权力基础，探讨在不同情况下支持或反对仲裁庭自由裁量权的理由和依据。

（一）仲裁协议赋予的自由裁量权

当事人意思自治是国际商事仲裁的基本原则，也是广受国际公约、各国仲裁法和机构仲裁规则承认的基本原则。[②] 例如，《承认及执行外国仲裁裁决公约》（以下简称《纽约公约》）第 1 款（d）项要求仲裁程序不得违反当事人之间的协议，否则该裁决将被拒绝承认与执行。《联合国国际贸易法委员会国际商事仲裁示范法》（以下简称《示范法》）第 19 条第 1 款也规定了当事人有权选择仲裁庭适用的程序规则，第 34 条第 2 款（a）项（iv）目和第 36 条第 1 款（a）项（iv）目同样将仲裁程序违反当事人约定作为撤销内国裁决和拒绝承认与执行外国裁决的理由。由此可见，仲裁协议是仲裁庭自由裁量权的重要依据，当事人对仲裁程序享有意思自治，仲裁庭越权决定程序事项将会影响裁决的效力。

仲裁协议对庭审模式有明确约定时，仲裁庭应当按照当事人约定进行庭审。虽然本文将远程庭审与网络仲裁区别对待，但鉴于二者的相似性，当事人可能在仲裁协议中约定"以网络形式仲裁"。此种约定可以视为对仲裁庭决定远程庭审的明确授权，但也可能存在问题。例如，根据广州仲裁委《网络仲裁规则》第 4 条的规定，约定将争议提交广州仲裁委"通过网络仲裁"解决的视为同意以该规则进行仲裁，即适用与传统仲裁不同的规则，包括证据提交、电子送达等重要程序规则。[③] 而我国旧《民事诉讼法》第 87 条规定判

---

① Gary B. Born, *International Commercial Arbitration*（*Third edition*）, Kluwer Law International, 2020, p.2283.

② Gary B. Born *International Arbitration*: *Law and Practice*, Kluwer Law International, 2012, p.210.

③ 《中国广州仲裁委员会网络仲裁规则》第 4 条第 3 项：当事人约定将争议提交本会通过网络仲裁（或者称电子仲裁、在线仲裁、线上仲裁、网上仲裁、互联网仲裁等）解决的，视为同意按照本规则进行仲裁。

决书、裁定书和调解书不得以电子形式送达，在实践中也出现过法院以此为由拒绝执行国内仲裁裁决的情况。[①] 因此在实践中，当仲裁机构对网络仲裁和传统仲裁制定不同的程序规则时，仲裁庭需要认真解读当事人的仲裁协议及相关仲裁规则，并听取当事人的意见，避免将当事人对开庭方式的约定解读为对网络仲裁的约定，从而影响裁决的可执行性。但值得注意的是，2022年1月1日起实施的新《民事诉讼法》第90条已经调整了对诉讼文书电子送达的态度，经受送达人同意允许电子送达，受送达人要求提供纸质文书时人民法院应当提供，因此未来法院对于仲裁裁决书电子送达的态度也应当有所转变。

若当事人约定线下庭审，即使可能导致程序拖延和低效，仲裁庭也不能无视仲裁协议径行决定远程庭审。[②] 此时，仲裁庭不享有对开庭方式的自由裁量权，必须尊重当事人的相反约定进行线下庭审。然而，实践中何为"明确约定"线下庭审可能存在争议，如仲裁协议中约定开庭地点是否构成对远程庭审的排除。在 Legaspy v. Financial Industry Regulatory Authority，Inc. 案中，当事人约定若需要开庭审理，则应当由仲裁机构主任决定开庭的时间和地点，美国法院认为该约定不构成对远程庭审的排除，因为当事人仅约定在某一地点开庭审理，而远程庭审同样也有"地点"，只是该地点位于虚拟空间。[③] 这说明仅仅约定需要开庭不能排除远程庭审的适用。但倘若当事人明确约定将某地作为开庭地，仲裁庭决定远程庭审的权力可能会受到一定限制。若日后有判例或仲裁规则确立远程庭审的开庭地，而该地与当事人约定一致，仲裁庭进行远程庭审的依据更加充分。因此，当事人欲规避远程庭审，应当在仲裁协议中明确约定线下庭审（in-person hearings/hearings with physical appearance），若仅选定线下的开庭地点，仲裁庭可以尝试将远程庭审开庭地

---

① 上海唯渡网络科技有限公司、王某海借款合同纠纷案，安徽省马鞍山市中级人民法院（2020）皖05执476号执行裁定书，涉及萍乡市仲裁委员会网络仲裁规则；中国对外经济贸易信托有限公司与白某香、陈某俊国内非涉外仲裁裁决不予执行案，陕西省西安市中级人民法院（2019）陕01执恢473号执行裁定书，涉及广州仲裁委员会网络仲裁规则。

② Maxi Scherer，*The Legal Framework of Remote Hearings*，in Maxi Scherer，Niuscha Bassiri，et al. eds.，International Arbitration and the COVID-19 Revolution，Kluwer Law International，2020，at § 4.

③ Carlos Legaspy *v.* Financial Industry Regulatory，No. 20/7/4700（N.D. Illinois，Eastern Division），Aug. 14，2020.

解释为当事人约定的地点，从而使庭审模式符合当事人约定。

然而，实践中大量仲裁协议不会约定开庭地或开庭方式。由于开庭地并不如仲裁地重要，大多数国际仲裁机构提供的示范条款也不会涉及开庭地或开庭方式。以香港国际仲裁中心的示范仲裁条款为例，该条款只规定仲裁机构、仲裁协议的准据法、仲裁地和仲裁员的数量，并未提及开庭审理事项。① 此时，开庭方式属于"当事人没有约定"的情况，仲裁庭应当享有广阔的自由裁量权决定是否采取远程庭审，② 该自由裁量权来源于仲裁地法或选定的仲裁规则。

（二）仲裁地法赋予的自由裁量权

国际商事仲裁的程序安排不能违反仲裁地法的强制性规定及公共政策，仲裁地法约束仲裁的内部程序安排和仲裁庭与法院的关系，这也是仲裁协议关注仲裁地的原因。③ 具体而言，仲裁地法可能规范仲裁的证据规则、庭审形式、仲裁庭取证权力、仲裁庭的程序裁量权等内容，④ 因此仲裁地法对远程庭审的认可能够作为仲裁庭自由裁量权的依据，主要包括两个层面：（1）仲裁庭是否对程序事项享有自由裁量权；（2）仲裁地法是否允许远程庭审。

1. 仲裁地法是否赋予仲裁庭对程序事项的自由裁量权

在多数情况下，仲裁地法赋予仲裁庭广阔的自由裁量权决定仲裁的程序事项。根据学者 Amina Afifi 的整理，在全球 16 个主要仲裁地中，至少有 12 个国家和地区的仲裁法或民事诉讼法规定，在当事人没有约定的情况下，仲裁庭有权以其认为合适的方式开展仲裁程序，前提是不损害当事人基本的诉

---

① Hong Kong International Arbitration Centre Administrative Arbitration Rules 2018, p.2. See also Arbitration Rules of the Singapore International Arbitration Centre 2016, p.44; Swiss Rules of International Arbitration 2012, p.7.

② See Arif Hyder Ali, Jane Wessel & Alexandre de Gramont, *The International Arbitration Rulebook: A Guide to Arbitral Regimes*, Kluwer Law International, 2019, p.280; Howard M. Holtzmann & Joseph Neuhaus, *A Guide to the UNCITRAL Model Law on International Commercial Arbitration: Legislative History and Commentary* Kluwer Law International, 1989, p.696; Jeffrey Waincymer, *Procedure and Evidence in International Arbitration*, Kluwer Law International, 2012, p.723.

③ Gary B. Born, *International Commercial Arbitration* (*Third edition*), Kluwer Law International, 2020, at § 15.01 [A].

④ Ibid.

讼权利，[①] 其中包括英国（伦敦）、法国（巴黎）、新加坡、中国香港、瑞士（日内瓦）这五个最受欢迎的仲裁地的法律。[②] “仲裁庭通常是仲裁程序的主人，但正当程序的要求是其对仲裁程序拥有的广阔自由裁量权的必要限制条件。”[③] 在新冠肺炎疫情的背景下，远程庭审可能是开庭审理的“合适方式”，基于仲裁地法赋予的广阔自由裁量权，仲裁庭有权在其认为合适的前提下决定远程庭审。

然而，仍有部分国家或地区的国内法没有明确赋予仲裁庭此种权力。例如，我国《仲裁法》虽然规定仲裁应当开庭进行，[④] 但并未明确授予仲裁庭在当事人没有约定的情况下决定开庭方式的自由裁量权。《瑞典仲裁法》也没有类似表述。[⑤] 此时，仲裁庭需要借助仲裁规则取得自由裁量权。

由此可见，仲裁地法可以作为仲裁庭决定远程庭审的裁量权依据，但某些国家或地区的法律没有明确授予仲裁庭相关的自由裁量权，在当事人没有约定的情况下，当事人可以主张“仲裁程序不符合仲裁地法”，向法院申请拒绝承认与执行仲裁裁决，依据为《纽约公约》第5条第1款d项。仲裁庭应当关注仲裁地法的相关规定，避免因选择远程庭审影响裁决的执行力。

2. 仲裁地法是否允许远程庭审

远程庭审作为新兴的开庭形式，很少明确出现在仲裁地法中。以《示范法》第24条第1款为例，除当事各方有任何相反协议外，仲裁庭应当决定进行口头庭审（oral hearings）还是书面审理（documents-only arbitration）。口头庭审与远程庭审并不矛盾，因为“口头”仅要求当事人以口头形式陈述己方观点和展示证据，与书面审理相对应，远程庭审同样能够满足口头庭审的要求，

---

① See Amina Afifi, *Appendix: Conducting Remote Hearings Against a Party's Wishes: Overview of Arbitration Laws of Main Arbitral Seats*, in Maxi Scherer, Niuscha Bassiri, et al. eds., International Arbitration and the COVID-19 Revolution, Kluwer Law International, 2020, p.331-372. 又见《示范法》第24条第1款。

② School of International Arbitration, Queen Mary University of London, *2018 International Arbitration Survey: The Evolution of International Arbitration*, https://www.whitecase.com/publications/insight/2018-international-arbitration-survey-evolution-international-arbitration, p.2.

③ China Machine New Energy Corporation *v.* Jaguar Energy Guatemala LLC, AEI Guatemala Jaguar Ltd.[2020] SGCA 12, at 2.

④ 《中华人民共和国仲裁法》第39条。

⑤ Section 24 The Swedish Arbitration Act (SFS 1999: 116).

只是信息传递从线下转为线上。[①] 因此，仲裁地法要求仲裁应当开庭审理，原则上不排斥远程庭审。

然而，不同国家对本国法律的理解可能有所不同。如瑞典学者 Stefan Lindskog 认为视频会议不符合《瑞典仲裁法》第 41 条规定的"口头庭审"要求，理由在于视频会议不能完全替代口头庭审。[②] 瑞士联邦最高法院在 2020 年 7 月的一份判决中同样认为远程庭审不符合瑞士民事诉讼法的规定，法院无权决定以远程形式开庭。[③] 同样，我国《仲裁法》暂未明确认可远程庭审的合法性，尽管我国极力推进网络仲裁和互联网法院建设，但其受案范围主要局限于电子商务争议或其他与互联网相关的争议，[④] 远程庭审是否能够广泛适用于所有仲裁案件仍然存疑。但是，我国最新立法动态已经开始承认远程庭审的合法性。2021 年修正的《民事诉讼法》第 16 条已经认可通过信息网络平台进行的民事诉讼活动，前提是取得当事人的同意。2021 年 7 月 30 日公布的《中华人民共和国仲裁法（修订）（征求意见稿）》第 30 条也明确允许仲裁庭在当事人没有约定或约定不明时选择适当的方式仲裁，并承认仲裁可以通过网络形式来进行。因此，仲裁地法对远程庭审的合法性提供了重要的法律依据。仲裁和诉讼适用不同的程序规则，因此以上关于仲裁地诉讼法的解读也许不适用于仲裁程序，但倘若仲裁地法要求仲裁也必须以线下庭审进行，采取远程庭审则可能导致裁决被撤销。由此可见，仲裁地法是否接受远程庭审也是仲裁庭需要考虑的问题。

（三）仲裁规则赋予的自由裁量权

当仲裁地法没有明确授予仲裁庭自由裁量权时，若当事人选择的仲裁规则有所授权，仲裁庭可以将该规则作为当事人协议的一部分用以证明自己的自由裁量权。这是因为国际商事仲裁的当事人有权选择仲裁适用的仲裁规则，[⑤]

---

① Jeffery M. Waincymer, *Online Arbitration*, 9（1）Indian Journal of Arbitration Law 1（2020）, p.6–7. See also David Bateson, *Virtual Arbitration*: *The Impact of COVID-19*, 9（1）Indian Journal of Arbitration Law 159（2020）, p.160–161.

② Cited in Stockholm District Court, case no. T 6862–17.

③ Bundesgericht（Swiss Federal Supreme Court）, 4A_180/2020.

④ 参见《中国国际贸易促进委员会 / 中国国际商会网上仲裁规则》第 1 条；《最高人民法院关于互联网法院审理案件若干问题的规定》（法释〔2018〕16 号），第 2 条。

⑤ 《示范法》第 19 条第 1 款。

因此有必要讨论各主要仲裁规则对远程庭审的授权情况。

部分机构仲裁规则明确授予仲裁庭进行远程庭审的权力。以最新修订的《国际商会仲裁规则2021》为例，该规则第26.1条规定仲裁庭可以在询问当事人后，基于相关案件事实和情况决定进行线下庭审或以视频会议、电话等合适的通信手段进行远程庭审。[①]《伦敦国际仲裁中心规则2014》第19.2条同样赋予仲裁庭相应的自由裁量权。[②]因此，当事人若选择上述两个仲裁规则，仲裁庭可以直接依据该仲裁规则决定远程庭审。值得注意的是，以上规则均要求仲裁庭决定开庭形式前“询问当事人的意见”（consult with the parties / in consultation with the parties），有学者指出“询问意见”不等于“征得当事人同意”。[③]因此，即使一方甚至双方当事人反对，仲裁庭仍然有权力根据实际情况决定远程庭审。[④]

部分仲裁规则仅在证据问题上允许仲裁庭以视频会议或电话会议的形式听取证人证言、组织质证等，如《瑞士国际仲裁规则2012》第25条、《联合国国际贸易法委员会示范仲裁规则》第6.3条、《英国特许仲裁师公会（CIArb）仲裁规则》第28.4条、《美国仲裁协会（AAA）商事仲裁规则》第32（c）条

---

① Article 26.1 ICC Arbitration Rules 2021: A hearing shall be held if any of the parties so requests or, failing such a request, if the arbitral tribunal on its own motion decides to hear the parties. When a hearing is to be held, the arbitral tribunal, giving reasonable notice, shall summon the parties to appear before it on the day and at the place fixed by it. The arbitral tribunal may decide, after consulting the parties, and on the basis of the relevant facts and circumstances of the case, that any hearing will be conducted by physical attendance or remotely by videoconference, telephone or other appropriate means of communication.

② Article 19.2 LCIA Rules: The Arbitral Tribunal shall organise the conduct of any hearing in advance, in consultation with the parties. The Arbitral Tribunal shall have the fullest authority under the Arbitration Agreement to establish the conduct of a hearing, including its date, duration, form, content, procedure, timelimits and geographical place (if applicable). As to form, a hearing may take place in person, or virtually by conference call, videoconference or using other communications technology with participants in one or more geographical places (or in a combined form). […].

③ Cristián Conejero Roos, *Multi-party Arbitration and Rule-making: Same Issues, Contrasting Approaches*, in: Albert Jan Van den Berg ed, 50 Years of the New York Convention: ICCA International Arbitration Conference, 14 ICCA Congress Series, p.411–425.

④ Robert B. Davidson & Cliff Bloomfield, *Remote Hearings and Depositions in Commercial Arbitration*, https://www.jamsadr.com/files/uploads/documents/articles/davidson-bloomberg-remote-hearings-and-depositions-2020-07.pdf.

等。此外，也有仲裁规则仅笼统地提到仲裁庭有权在仲裁过程中使用信息技术，如《香港国际仲裁中心仲裁规则》第13.1条、《深圳国际仲裁院仲裁规则》第67条。有学者认为上述规则可以视为允许远程庭审，因为听取证人证言和听取当事人的法律意见并无实质区别，如果认为上述仲裁规则仅允许在证据庭审中使用远程庭审不合逻辑。[①] 实践中，仲裁庭需要详细论证仲裁规则赋予的程序裁量权，先说明仲裁规则明确允许其在仲裁程序中使用视频会议等技术手段，该规定并非对远程庭审的排除，且远程庭审通常以视频会议形式进行，进而认定仲裁规则允许其选择远程开庭。

最后，有相当一部分仲裁规则没有提及远程庭审或信息技术，只要求仲裁庭以“经济、高效方式”解决争议，如《维也纳国际仲裁中心仲裁规则2018》第28条第1款、《斯德哥尔摩商会仲裁院仲裁规则》第23条第2款、《新加坡国际仲裁中心仲裁规则》第19.3条等。此时，仲裁庭决定远程庭审的裁量权依据更加薄弱，需要证明远程庭审比线下庭审更加高效，更加符合经济效益。应当留意到，奥地利最高法院和新加坡上诉法院均对仲裁庭在疫情期间决定远程庭审予以支持，[②] 其中奥地利最高法院明确认定《维也纳国际仲裁中心仲裁规则》不排斥远程庭审，远程庭审不影响当事人的基本诉讼权利，[③] 在一定程度上认可了仲裁庭基于仲裁规则的自由裁量权，即使疫情结束，上述判决对正当程序的论述仍然适用，可以作为仲裁庭的说理依据。

综上，仲裁规则可以作为仲裁庭决定远程仲裁的裁量权依据，不同仲裁规则下仲裁庭对其自由裁量权的说理方式也将有所不同，当事人能够列举的反对意见也不同，需要进行个案分析。

三、仲裁庭行使自由裁量权决定远程庭审的限制条件

仲裁庭对开庭方式享有自由裁量权时，当事人的反对意见不必然阻却远

---

① Maxi Scherer, *The Legal Framework of Remote Hearings*, in Maxi Scherer, Niuscha Bassiri, et al. eds., International Arbitration and the COVID-19 Revolution, Kluwer Law International, 2020, at § 3.1.

② Oberster Gerichtshof (Austrian Supreme Court), 18 ONc 3/20s; China Machine New Energy Corporation *v.* Jaguar Energy Guatemala LLC, AEI Guatemala Jaguar Ltd. [2020] SGCA 12.

③ Case No.18 ONc 3/20s.

程庭审的适用，除非双方当事人另行达成协议约定线下仲裁。若仅有一方当事人反对远程庭审，仲裁庭仍然有权行使自由裁量权决定开庭方式。如前所述，仲裁庭的自由裁量权并非全无限制，采取远程庭审还需要兼顾公平和效率。[①] 在新冠肺炎疫情的背景下，仲裁庭需要在按时举行的远程庭审和可能被无限拖延的线下庭审之间作出选择，而当疫情结束之后，有关考量因素可能发生变化。本文无意将讨论范围限制在新冠肺炎疫情语境中，下文将对仲裁庭决定远程庭审的限制因素（或当事人反对远程庭审的理由）进行全面分析，为日后远程庭审在国际商事仲裁中的使用提供更具实操意义的建议。

（一）平等对待当事人

平等对待各方当事人是任何争议解决机制都应当遵守的基本原则。例如，《示范法》第18条规定，仲裁庭应对当事各方平等对待，应给予当事每一方充分的机会陈述其案情，该条构成对仲裁庭自由裁量权的限制。该原则也广泛存于各国家或地区的仲裁法中。[②] 顾名思义，平等对待原则要求仲裁庭对双方当事人一视同仁，[③] 若远程庭审会导致一方当事人遭受不公平对待，则仲裁庭不得决定采取远程庭审。

技术条件是仲裁庭首先需要考虑的情况。远程庭审要求当事人和仲裁员使用手机、电脑等终端接入互联网，通过视频会议软件或仲裁中心提供的庭审平台参与庭审。实践中，并非所有当事人都享有良好的互联网资源和信息技术设备，发达地区和欠发达地区的高速互联网服务条件存在天壤之别。[④] 此时仲裁庭应当尽量保证双方当事人都能有效参与庭审，而不会因为信息技术的使用给某一方带来实质性阻碍。若一方当事人无法顺利接入互联网，或缺

---

① Jeffery M. Waincymer, *Online Arbitration*, 9（1）Indian Journal of Arbitration Law 1（2020）, p.3.

② Amina Afifi, *Appendix*: *Conducting Remote Hearings Against a Party's Wishes*: *Overview of Arbitration Laws of Main Arbitral Seats*, in Maxi Scherer, Niuscha Bassiri, et al. eds., International Arbitration and the COVID-19 Revolution, Kluwer Law International, 2020, pp.331-372.

③ David Roney & Anna Müller, *The Arbitral Procedure' in Arbitration*, in Elliott Geisinger, Nathalie Voser & Angelina M. Petti eds., Switzerland-A Handbook for Practitioners（2nd edn）, Kluwer Law International, 2013, p.58. See also *UNCITRAL 2012 Digest of Case Law on the Model Law on International Commercial Arbitration*, United Nations Publication, 2012, p.97.

④ See Mercedes García-Escribano, *Business Perspectives*, *Low Internet Access Is Driving Inequality*, CNN https://edition.cnn.com/2020/07/05/perspectives/internet-access-inequality/index.html.

乏相应的技术设备，从而导致其无法参与远程庭审，仲裁庭采取远程庭审不仅违反平等对待原则，也同样剥夺当事人陈述案情的权利。[①]然而，若当事人在技术设备上仅存在差异，许多学者认为只要所有当事人都以远程形式参与庭审，技术差异就不构成对平等对待原则的违反。[②]

即使在庭审过程中出现技术问题，只要不影响仲裁庭对案情的判断，法院通常不会认为远程庭审违反平等对待原则。[③]例如，在 Sino Dragon Trading Ltd. v. Noble Resources International Pte Ltd. 案中，由于技术原因，一方证人无法参与视频会议，只能通过 Skype 进行质证和交叉询问，但澳大利亚联邦法院却认为该仲裁程序没有造成“真实的不公平（real unfairness）”，进而驳回当事人撤销仲裁裁决的请求。而在 David Quince v. Annabelle Quince and Anor 案中，澳大利亚新威尔士最高法院认为证人在交叉询问中的细微动作（demeanours）对案件结果的认定有重要作用，远程庭审无法反映相关信息，对双方当事人不公平，因此认定该案不得以远程庭审进行。[④]由此可见，技术问题需要给庭审结果造成实质性影响，仲裁庭才无权决定远程庭审。

除此之外，国际商事仲裁经常涉及多国当事人，时差也是仲裁庭需要考虑的因素。远程庭审可能会导致部分当事人在不恰当的时间参与庭审，从而导致不公平对待。[⑤]但也有学者指出，时差问题由来已久，此前仲裁庭组织庭

---

① H&T Fair Hills, Ltd. et al. *v.* Alliance Pipeline, L.P., Civ. No. 19-1095（JNE/BRT）（D. Minnesota）Sept. 14, 2020. The United States District Court of Minnesota held that unless Plaintiff proved they were unable to proceed remotely or any witness was unable to participate remotely, remote deposition was permissible.

② Maxi Scherer, *The Legal Framework of Remote Hearings*, in Maxi Scherer, Niuscha Bassiri, et al. eds., International Arbitration and the COVID-19 Revolution, Kluwer Law International, 2020, at § 7.1; Jeffery M. Waincymer, *Online Arbitration*, 9（1）Indian Journal of Arbitration Law 1（2020）, pp.7-8; David Bateson, *Virtual Arbitration: The Impact of COVID-19*, 9（1）Indian Journal of Arbitration Law 159（2020）, pp.161-162.

③ China Machine New Energy Corporation *v.* Jaguar Energy Guatemala LLC, AEI Guatemala Jaguar Ltd.［2020］SGCA 12; Sino Dragon Trading Ltd. v Noble Resources International Pte Ltd.（No.2）［2016］FCA 1131; Arnulfo Valdivia v. Menard Inc, No. 19 CV 50336（N.D. Illinois, Western Division）, Jul. 28, 2020.

④ David Quince *v.* Annabelle Quince and Anor［2020］NSWSC 326.

⑤ Erica Stein, *Chapter 9: Challenges to Remote Arbitration Awardsin Setting Aside and Enforcement Proceedings*, in Maxi Scherer , Niuscha Bassiri , et al. eds., International Arbitration and the COVID-19 Revolution, Kluwer Law International, 2020, p.174.

前电话会议商讨庭审流程时就必然要考虑时差问题，仲裁庭应当具备足够的经验来平衡不同时区当事人的利益。[①] 然而，庭审不同于庭前会议，后者不涉及案件实体处理，持续时间不长，参与人数也不多，时差在庭前会议中不会给当事人带来实质性影响。庭审涉及的问题更为复杂，尤其在证据庭审中各方证人需要陈述证言、进行质证和交叉询问，庭审持续时间长，时差更容易造成不公。实践中，仲裁庭需要根据案涉具体时差来判断远程庭审是否会对一方当事人不公平。此前，奥地利最高法院认为 9 个小时的时差和早上 6 点开庭的安排并不违反平等对待原则，[②] 可以作为仲裁庭的参考依据。

（二）当事人充分陈述案情的权利

比平等原则更关键的问题是远程庭审是否影响当事人充分陈述案情的权利，该原则的违反可能直接影响仲裁结果的公正性，从而使裁决不可执行。[③] 充分陈述案情并不要求仲裁庭支持当事人任何不合理的程序要求，只需要给予当事人合理的机会陈述。[④] 认定该权利被剥夺的标准包括仲裁庭的裁判理由不符合一般理性法律人根据其庭辩意见得出的逻辑，若给予充分陈述机会仲裁庭可能改变其裁决，[⑤] 或仲裁庭没有给予当事人展示其论点所必需的全部组成部分。[⑥] 可见，违反该原则的落脚点就在于当事人是否完全呈现其论点的必要部分，缺失部分是否足以改变仲裁庭的裁决结果。

远程庭审通常不会剥夺当事人充分陈述案情的权利。信息技术的使用不仅能实现即时通信和翻译，完整传递仲裁参与人的意见，还能借助 ppt、图表等视听技术吸引仲裁庭的注意，使其更愿意听取律师或当事人的意见并

---

① David Bateson, *Virtual Arbitration*: *The Impact of COVID-19*, 9（1）Indian Journal of Arbitration Law 159（2020）, pp.164–165.

② Case No.18 ONc 3/20s.

③ See e.g., Attorney-General v. Tozer（No 3）M1528-IM02 CP607/97; Front Row Investment Holdings（Singapore）Pte. Ltd. v. Daimler South East Asia Pte. Ltd.［2010］SGHC 80.

④ Howard M. Holtzmann & Joseph Neuhaus, *A Guide to the UNCITRAL Model Law on International Commercial Arbitration*: *Legislative History and Commentary* Kluwer Law International, 1989, pp.552–553.

⑤ CLOUT case No. 658, Trustees of Rotoaira Forest Trust *v.* Attorney-General［1999］2 NZLR 452.

⑥ OAO Northern Shipping Company *v.* Remolcadores de Marin Sl［2007］2 Lloyd's Rep 302,［2007］EWHC 1821.

按其希望的方式处理案件。[①] 香港国际仲裁中心的经验显示，远程庭审不会产生虚假作证（witness coaching/tampering）的情况，近距离的视频作证有利于仲裁庭观察证人，将关注点放在特定证人上。[②] 相反，疫情期间进行线下庭审需要参与人佩戴口罩，仲裁庭无法观察证人的面部表情和细微动作，从而影响其对证言真实性的判断。[③] 即使疫情结束，在参与人不多、案情简单、时差不大等情况下，远程庭审可能比线下庭审更适合当事人充分陈述案情。

当然，远程庭审可能存在信号迟延、视野有限、视频疲劳（streaming fatigue）等情况，庭审时间过长时，证人和仲裁员难以集中注意力，导致交叉询问效率低下，无法达到预期效果，这对普通法背景的律师有较大负面影响。[④] 尽管可以要求当事人安装多个摄像头以杜绝虚假作证，但这可能增加当事人的仲裁成本，当事人也可以拒绝配合远程庭审技术安排。新加坡上诉法院认为当事人参与庭审的权利（right to be heard）受制于合理性和公平性，法院应当根据具体案情判断仲裁庭的决定是否符合一个心怀公正的仲裁庭在同样环境中的抉择，只有当远程庭审的决定明显偏离仲裁实践的合理期待，法院才会干预仲裁庭的决定。[⑤] 因此，仲裁庭需要结合案件具体情况充分考虑远程庭审对案件审理及公正裁决的影响。若案情复杂、参与人众多、当事人技术条件不合要求，远程庭审可能影响当事人充分陈述案情的权利，仲裁庭不宜采用。

---

① Whitley Tiller & Timothy L. Foden, *The Effective Use of Technology in the Arbitral Hearing Room*, Global Arbitration Review（Oct. 1, 2019）, https://globalarbitrationreview.com/guide/the-guide-advocacy/fourth-edition/article/the-effective-use-of-technology-in-the-arbitral-hearing-room.

② Eric Ng, *Evolution or Revolution? Virtual Hearings and Adaptation in the Face of Global Disruption*, in Romesh Weeramantry & John Choong eds., 22（4）Asian Dispute Review 173（2020）, p.177.

③ Theodore Cheng, *Whether and How to Compel Remote Arbitration*, Law360（Sept. 15, 2020）https://www.law360.com/articles/1310372/whether-and-how-to-compel-remote-arbitration.

④ Wendy Miles, *Chapter 6: Remote Advocacy, Witness Preparation & CrossExamination: Practical Tips & Challenges*, in Maxi Scherer, Niuscha Bassiri, et al. eds., International Arbitration and the COVID19 Revolution, Kluwer Law International, 2020, pp.121-131.

⑤ China Machine New Energy Corporation *v.* Jaguar Energy Guatemala LLC, AEI Guatemala Jaguar Ltd.［2020］SGCA 12, at 104.

（三）以经济高效方式仲裁的义务

仲裁庭有义务以经济、高效的方式进行仲裁。[①]疫情使得线下庭审在近两年内都可能无法进行，"迟到的正义非正义"，为保证线下庭审推迟庭审日期不符合正义的要求。[②]国际商会在应对新冠肺炎疫情的指导意见中表明，疫情不应当延误仲裁案件的审理，因为仲裁庭对案件的裁判和裁决书的制作可以远程形式进行，仲裁庭仍然应当在规定时间内作出裁决，减少不必要的拖延。[③]远程庭审虽然会给当事人带来不适应，但能保证案件按时完成审理，因此在疫情期间大部分仲裁案件都转为远程庭审。[④]远程庭审还可以节约仲裁参与人的差旅费、住宿费，避开疫情期间的各项管控措施，降低疫情传播风险，有利于仲裁庭在疫情期间高效解决案件。

然而，远程庭审对技术条件要求较高，仲裁机构或当事人需要花费更多费用选择合适的技术服务商，[⑤]总成本可能超过差旅费、住宿费。当案情复杂又涉及10个小时以上的时差时，远程庭审可能需要短时多次进行，每次庭审不超过4个小时，否则一方当事人可能要在深夜参与庭审。[⑥]这会导致庭审横跨数月，仲裁庭可能遗忘之前庭审中双方陈述的内容，导致远程庭审效率低下。当疫情结束，社会秩序恢复正常时，线下庭审可能更有利于部分案件的高效解决。仲裁庭需要衡量案件情况决定何者更有利于经济高效地解决争议。

---

① See e.g., Article 22（1）ICC Arbitration Rules 2021; Article 14.1 LCIA Rules; Article 13.5 HKIAC Rules 2018; Article 2（1）SCC（Stockholm Chamber of Commerce）Rules; Article 28（1）VIAC Rules 2018; Article 15（7）Swiss Rules 2012; Article 19.3 SIAC Rules; Article 17（1）UNCITRAL Arbitration Rules, etc.

② Muncipio De Mariana, et al. *v.* BHP Group Plc, et al.［2020］EWHC 928.

③ International Chamber of Commerce, *ICC Guidance Note on Possible Measures Aimed at Mitigating the Effects of the COVID-19 Pandemic*, https://iccwbo.org/publication/icc-guidance-note-on-possible-measures-aimed-at-mitigating-the-effects-of-the-covid-19-pandemic/.

④ Gary B. Born, Anneliese Day & Hafez Virjee, *Empirical Study of Experience with Remote Hearings: A Survey of Users' View*, in Maxi Scherer, Niuscha Bassiri, et al. eds., International Arbitration and the COVID-19 Revolution, Kluwer Law International, 2020.

⑤ 例如，Zoom平台的包年费用为1200美元，若需要额外技术服务可能需要支付更高的费用。See Zoom Pricing Plan, available at https://zoom.us/pricing.

⑥ Ema Vidak-Gojkovic & Michael McIlwrath, *Chapter 11: The COVID-19 Revolution: The Future of International Arbitration Is Not Over Yet*, in Maxi Scherer , Niuscha Bassiri , et al. eds., International Arbitration and the COVID19 Revolution, Kluwer Law International, 2020, pp.191-197.

（四）确保仲裁保密性的义务

信息技术对仲裁程序保密性的挑战不可忽视。[①] 仲裁程序的保密性是国际商事仲裁核心价值之一，各国仲裁法、仲裁规则乃至当事人之间的仲裁协议都要求仲裁庭有义务保证仲裁程序的保密性。[②] 保密性要求仲裁参与人不得向案外人泄露仲裁程序涉及的任何信息，包括双方提交的文书、证据、仲裁裁决等。[③] 实践中，远程庭审可以通过设置参会密码、限定参与设备、禁止录屏、开庭前全方位展示参与人所在环境等方式保证案外人不能参与庭审过程。[④] 仲裁庭可以组织当事人签订保密协议或议定书，保证不对外泄露任何庭审信息。[⑤] 然而，此类措施仅为预防性措施，无法确保仲裁保密性。

信息安全（cybersecurity）也是远程庭审需要重视的问题。仲裁庭或仲裁机构要尽量确保庭审中收集的各项数据信息储存在安全地点，不会造成泄密或其他不利后果，还需要检查远程庭审技术的保密安排，必要时要采取额外措施保证信息安全。[⑥] 但这对技术条件要求很高，某些国家可能连政府机关的文件都无法做到完全保密，遑论仲裁机构等私主体的保密能力。[⑦] 在 2020 年 4 月，Zoom 平台曾发生大规模的信息泄露事件，上千份远程会议音视频被公开，给相关当事人的个人隐私和商业秘密带来极大危害。[⑧] 实践中，也有仲裁机构

---

① Lindsay Oliver, *What you should know about online tools during the COVID-19 crisis*, Electronic Frontier Foundation（Mar. 19, 2020）https://www.eff.org/deeplinks/2020/03/what-you-should-know-about-online-tools-during-covid-19-crisis.

② Gary B. Born, *International Commercial Arbitration*（*Third edition*）, Kluwer Law International, 2020, at § 13.04［C］.

③ Ibid. at § 20.01.

④ Article 9 & 11 HKIAC Guidelines for Virtual Hearings.

⑤ Article 26, International Chamber of Commerce, *ICC Guidance Note on Possible Measures Aimed at Mitigating the Effects of the COVID-19 Pandemic*, https://iccwbo.org/publication/icc-guidance-note-on-possible-measures-aimed-at-mitigating-the-effects-of-the-covid-19-pandemic/.

⑥ Ananya Bajpai & Shambhavi Kala, *Data Protection*, *Cybersecurity and International Arbitration*: *Can they Reconcile?*, 8（2）Indian Journal of Arbitration Law 1, 14（2019）.

⑦ Ibid.

⑧ Thousands of Zoom Video Calls Left Exposed on Open Web, Washington Post https://www.washingtonpost.com/technology/2020/04/03/thousands-zoom-video-calls-left-exposed-open-web/.

开发专属庭审软件，[①] 或与商业平台达成合作关系，[②] 通过平台加密技术保证数据传输的安全性。但技术始终是一把“双刃剑”，在涉及商业秘密的案件中，仲裁庭应当重视远程庭审存在的潜在泄密风险，切实保护当事人的重要信息。

四、远程庭审的发展对我国仲裁界的启示

（一）法院审查仲裁程序问题时应当有条件地允许远程庭审

疫情让仲裁界看到远程庭审的可行性，当事人追求更加高效便捷的争议解决方式，各大仲裁机构也在积极推进远程庭审的发展，未来远程庭审可能广泛适用于国际商事仲裁案件中。[③] 在当事人没有相反约定时，国际上普遍将使用远程庭审的决定权交给仲裁庭，由仲裁庭根据案件具体情况进行分析。因此，当案件进入裁决执行阶段时，若一方当事人以远程庭审违反程序公正为由申请撤销或不予执行仲裁裁决，法院应当审慎考察远程庭审是否实质性损害了当事人享有的程序权利，若不存在此种情况，法院应当尊重仲裁庭对仲裁开庭形式的自由裁量权。这要求法院从本国立法出发，讨论当事人享有何种程序权利，该权利是否被远程庭审损害。

根据我国《仲裁法》第 58 条第 1 款第 3 项的规定，当事人有证据证明仲裁的程序违反法定程序的，可以向仲裁委员会所在地的中级人民法院申请撤销仲裁裁决。根据《最高人民法院关于适用〈中华人民共和国仲裁法〉若干问题的解释》第 20 条的规定，此处的“法定程序”系“仲裁法规定的仲裁程序和当事人选定的仲裁规则”，且应当具备影响案件正确裁决的可能性。由于我国《仲裁法》并未明确允许远程仲裁，当事人可能主张远程庭审违反法定程序而申请撤销仲裁裁决。然而，在新冠肺炎疫情的背景下，大量仲裁案件尤其是国际仲裁案件均选择远程庭审，法院不宜只以“远程庭审违反法定程序”为由撤销仲裁裁决，笔者认为，法院应当从以下几个方面考察远程庭审的程序合法性，如采取远程庭审是否对一方当事人显失公平，是否实质性剥

---

① 如中国国际经济贸易仲裁委员会使用的云晤 app。

② 如香港国际仲裁中心与 Zoom，Microsoft Teams 等平台、广州仲裁委员会与小鱼易连平台等。

③ Ema Vidak-Gojkovic & Michael McIlwrath，*Chapter 11：The COVID-19 Revolution：The Future of International Arbitration Is Not Over Yet*，in Maxi Scherer ，Niuscha Bassiri ，et al. eds.，International Arbitration and the COVID19 Revolution，Kluwer Law International，2020，pp.199-202.

夺了当事人陈述申辩的权利，是否出现损害仲裁保密性的情况等，结合具体案情综合考察远程庭审的程序正当性。

（二）我国《仲裁法》修改应当认可远程庭审的合法性

如前所述，我国《仲裁法》并未明确仲裁庭对开庭方式等程序性事项的自由裁量权，也没有明确认可远程庭审的合法性，使得国际学者和律师研究中国立法时对仲裁庭是否有权决定远程庭审存在疑问，[①]这可能降低中国作为国际仲裁之仲裁地的吸引力。仲裁庭对仲裁程序的自由裁量权作为《示范法》、各国仲裁法、各大国际仲裁规则确认的权力，应当在此次仲裁法修改中有所体现，明确认可仲裁庭的自由裁量权，与国际仲裁实践保持一致，提升中国法对国际仲裁的支持度。[②]而远程庭审是否属于开庭审理，本质上是现行法律的解释问题，可以通过立法解释、司法解释或指导性案例的形式加以明确。

此外，我国《仲裁法》也没有规定法院对仲裁裁决的有限审查标准，但众多国际立法、判例均已确立该原则，如《示范法》第5条。[③]当以远程庭审形式作出的国际仲裁裁决在中国执行时，法院应当充分尊重仲裁庭对开庭方式的自由裁量权，只有在远程庭审实质性损害当事人的程序权利时，法院才能干涉仲裁庭的决定，以违反程序为由撤销或不予执行该裁决。虽然最高人民法院已确立仲裁司法审查报核制度，但并未从立法层面确认仲裁庭自由裁量权和法院审查权的关系。因此，《仲裁法》修改应当增加法院对仲裁裁决的有限审查标准，有利于规范我国法院对仲裁裁决的审查，强化仲裁庭自由裁量权的法律依据。

---

① Amina Afifi, *Appendix: Conducting Remote Hearings Against a Party's Wishes: Overview of Arbitration Laws of Main Arbitral Seats*, in Maxi Scherer, Niuscha Bassiri, et al. eds., International Arbitration and the COVID-19 Revolution, Kluwer Law International, 2020, pp.331-372; Kim M. Rooney (ed), *The Global Impact of the Covid-19 Pandemic on Commercial Dispute Resolution in the First Seven Months*, International Bar Association, Oct. 2020, https://www.ibanet.org/Article/NewDetail.aspx?ArticleUid=bd404ce3-3886-48a8-98f6-38eaaccd5f53.

② 王小莉：《论我国〈仲裁法〉中仲裁程序的修改——以程序价值论为视角》，载广州仲裁委员会主办：《仲裁研究》（第8辑），法律出版社2006年版。

③ 《示范法》第5条：由本法管辖的事情，任何法院均不得干预，除非本法有此规定。

五、结论

不同于国内广泛讨论的网络仲裁，远程庭审仅为一种开庭形式，不会实质性改变仲裁的性质或适用单独的网络仲裁规则。当事人意思自治是国际商事仲裁的基本原则，仲裁庭必须尊重当事人对庭审形式的约定，没有约定或约定不明时，仲裁地法和仲裁规则也可以作为仲裁庭自由裁量权的依据。鉴于各地仲裁法和仲裁规则的差异，实践中，仲裁庭应当认真阅读有关法律和规则条文，根据具体情况充分论证其自由裁量权基础。在行使自由裁量权时，仲裁庭应当充分考虑一切有关情况，如案件复杂性、参与人数、当事人的技术条件、重要商业秘密的保密性等，既保证案件审理的效率，又保证当事人的程序权利不受损害。由于我国《仲裁法》尚未明确认可仲裁庭的自由裁量权，在未来进行《仲裁法》修改时应当规定仲裁庭有权在当事人没有约定或约定不明的情况下以其认为合适的方式进行仲裁，明确法院对仲裁程序问题的有限审查标准，增加中国作为国际商事仲裁之仲裁地的吸引力。

论两大海牙公约对国际商事仲裁的影响

陈凡凯 *

● 摘　要

由于《纽约公约》对仲裁"国际可执行性"的赋予，仲裁成为当事人在国际民商事争议解决中的首选方式。作为国际民事诉讼领域的重要公约，《选择法院协议公约》和《海牙判决公约》能否提升跨国判决的可执行性，从而像《纽约公约》一样吸引当事人在争议解决中选择跨国诉讼方式值得讨论，因为这关系到当事人争议解决方式的选择和仲裁制度自身的革新。通过对三个公约进行规则和现状的比较分析，本文发现两大海牙公约在提升跨国判决的可执行性上仍有各自的局限性，而主要贸易大国对于海牙公约的签署和批准仍持谨慎态度。诉讼管辖权公的特征和仲裁私的属性决定了短期内海牙公约难以改变当事人青睐国际商事仲裁的局面。

● 关键词

国际商事仲裁　纽约公约　选择法院协议公约　海牙判决公约

Abstract: Due to the "international enforceability" of arbitration given by the New York Convention, arbitration has become the preferred method for parties to resolve disputes in international civil and commercial matters. As important conventions in the field of international

* 陈凡凯，中国政法大学国际法学院 2020 级硕士研究生。

civil litigation, it is worth discussing whether the Choice of Court Agreements Convention and the Hague Judgments Convention could enhance the enforceability of transnational judgments and thus attract parties to choose transnational litigation in dispute resolution as the New York Convention does, because it is related to the parties' choice of dispute resolution and the arbitration innovation. Through a comparative analysis of the rules and status of the three conventions, it has been found that the two Hague Conventions still have their own limitations in enhancing the enforceability of transnational judgments, while the major trading powers are still holding a cautious attitude towards the signing and ratification of the two Hague Conventions. The public character of litigation jurisdiction and the private nature of arbitration determine that it is difficult for the Hague Conventions to change the situation of parties' preference for international commercial arbitration in the short term.

Key Words: international commercial arbitration, New York Convention, Choice of Court Agreements Convention, Hague Judgments Convention

一、问题的提出

在国际民商事交易中，争议解决方式的选择是成熟和理性的商事主体应当考虑和协商的重要事项。诉讼和仲裁作为国际民商事交易中最主要的两种争议解决方式，自然落入当事人的考虑范围。

长期以来，仲裁备受国际民商事案件当事人的青睐。根据 Gary Born 教授的研究，国际商事仲裁的受欢迎程度反映在主要仲裁机构案件数量的不断增加中，各仲裁机构的案件数量在过去三十年里增加了三倍至五倍。[①] 除此之外，伦敦玛丽女王大学近年来的调查也体现了国际仲裁的受欢迎程度。在 2018 年

① 根据 Gary Born 教授的研究和统计，主要国际仲裁机构的年案件量从 1993 年至 2018 年实现了长足增长。例如，ICC 仲裁院从 1993 年的 352 个增至 2018 年的 842 个，又如美国仲裁协会（AAA）从 1993 年的 207 个上涨为 2018 年的 993 个。See Gary B. Born, *International Commercial Arbitration*, 3rd ed., Wolters Kluwer, 2021, pp.92–94.

的调查中，有97%的被调查者更偏爱仲裁。[①]即使在新冠肺炎疫情下，90%的被调查群体仍将仲裁作为他们的首选争议解决方式。[②]相反，诉讼在国际民商事案件中并不像仲裁那样受欢迎。根据玛丽女王大学的调查数据，偏好于诉讼的被调查者寥寥可数。[③]

究其原因，一方面，商事仲裁本身具备自主性、效率性、中立性等特点。这种“去剧场化”的定分止争模式给予当事人更多的选择自由，使得当事人能灵活、方便地解决纠纷。[④]例如，在一国诉讼过程中当事人对程序规则的约定受到严格的限制，而仲裁在这方面则更灵活。[⑤]另一方面，驱使当事人选择仲裁的主要原因更可能是仲裁裁决的可执行性（Enforceability of awards）。以1958年《承认及执行外国仲裁裁决公约》（以下简称《纽约公约》）为代表的国际条约早已构筑了成熟的仲裁执行网络体系，保证了当事人提交仲裁的意思自治的实现和仲裁裁决的执行。[⑥]而此前，诉讼领域尚未形成全球性促进国际民商事判决承认与执行的国际体系和机制。[⑦]由此，在大多数情形和领域内，当事人更希望通过仲裁来解决其争议，因为在没有国际公约的情况下，判决

---

① Queen Mary University of London ,2018 International Arbitration Survey：The Evolution of International Arbitration，at http://www.arbitration.qmul.ac.uk/media/arbitration/docs/2018-International-Arbitration-Survey——The-Evolution-of-International-Arbitration-（2）. PDF（Last visited on July 19，2021）.

② Queen Mary University of London ,2021 International Arbitration Survey：Adapting Arbitration to a Changing World，at http://www.arbitration.qmul.ac.uk/media/arbitration/docs/LON0320037-QMUL-International-Arbitration-Survey-2021_19_WEB.pdf（Last visited on July 19，2021）.

③ 在玛丽女王大学国际仲裁调查中，偏好将跨国（境）诉讼和替代性争议解决手段结合起来的被调查者比例仅有3%（2018年）、6%（2021年）；偏好纯跨国（境）诉讼的比例仅有1%（2018年）、2%（2021年）。See Queen Mary University of London，supra note 2，p.5. See also Queen Mary University of London，supra note 3，p.5.

④ 参见傅攀峰：《商事仲裁：一种“去剧场化”的司法方式》，载《重庆理工大学学报（社会科学）》2020年第10期，第93—96页。

⑤ See Daniel Girsberger，Thomas Kadner Graziano，and Jan L Neels（general editors），*Choice of Law in International Commercial Contracts：Global Perspectives on the Hague Principles*，1st ed.，Oxford University Press，2021，pp.201-202.

⑥ See Julian D. M. Lew，Loukas A. Mistelis & Stefan M. Kroll，*Comparative International Commercial Arbitration*，Wolters Kluwer，2003，pp.17-30.

⑦ 仅仅有如《布鲁塞尔条例Ⅰ》这样的区域性的条约。

的承认与执行只能根据当地的法律进行。[①]

显然，这种“国际可执行性”是国际仲裁相较于跨国诉讼的主要优势所在，使得仲裁被当事人优先考虑和普遍采纳。[②]《纽约公约》涵盖了所有在仲裁和国际经济交往上重要的国家，仲裁裁决因此具有执行上的国际性优势，判决在可望的未来难以企及。在国际商业交易中，只要这一现实不改变，当事人倾向于选择仲裁方式解决争议就不难理解了。[③]

随着 2005 年《海牙选择法院协议公约》(以下简称《选择法院协议公约》)的生效以及 2019 年《海牙承认与执行外国民商事判决公约》(以下简称《海牙判决公约》) 的通过，海牙国际私法会议试图构建一套有关国际民事诉讼的承认与执行体系，正如两大公约序言载明的促进国际民商事判决承认与执行的可预见性和确定性的目的那样。[④] 由此，《选择法院协议公约》和《海牙判决公约》能否提升跨国判决的可执行性从而冲击国际商事仲裁的国际可执行

---

① See Gary B. Born, *International Arbitration and Forum Selection Agreements*, 6th ed., Wolters Kluwer, 2021, pp.4–12.

② See Louise Ellen Teitz, The Hague Choice of Court Convention: Validating Party Autonomy and Providing an Alternative to Arbitration, 53 *American Journal of Comparative Law*, 557 (2005) . See also S Brekoulakis, The Notion of the Superiority of Arbitration Agreements over Jurisdiction Agreements: Time to Abandon It?, 24 *Journal of International Arbitration*, 343–349 (2007) . See also Lucas Clover Alcolea, The 2005 Hague Choice of Court and the 2019 Hague Judgments Conventions versus the New York Convention: Rivals, Alternatives or Something Else?, 6 *MCGILL J. Disp. Resol.* 197 (2019–2020) . See also Rouzana Kasem, The Future of Choice Court and Arbitration Agreements under the New York Convention, the Hague Choice of Court Convention, and the Draft Hague Judgments Convention, 10 *ABERDEEN Student L. REV.* 112 (2020). 参见王吉文:《海牙〈选择法院协议公约〉对国际商事仲裁的影响》, 载广州仲裁委员会主办:《仲裁研究》(第 25 辑), 法律出版社 2011 年版, 第 26 页。参见张鸣:《〈海牙选择法院协议公约〉对国际商事仲裁的影响研究——伦敦玛丽女王大学国际仲裁调查为研究基础玛丽学院》, 载广州仲裁委员会主办:《仲裁研究》(第 46 辑), 法律出版社 2020 年版, 第 27 页。

③ 参见宋连斌:《国际商事仲裁管辖权研究》, 法律出版社 2000 版, 第 22—23 页。

④ 《选择法院协议公约》序言:“希望通过加强司法合作增进国际贸易和投资，相信在民商事项的管辖和外国判决承认与执行上统一规则能够加强这种合作，相信增进这种合作尤其需要国际法律机制提供确定性，并保障商业交易当事人达成的排他性选择法院协议的有效性以及根据这种协议进行诉讼产生的判决的承认和执行。”《海牙判决公约》(何其生译) 序言:“希望通过司法合作，有效提升全面的司法救济，促进以规则为基础的多边贸易和投资，以及人员流动，相信通过在外国民商事判决承认与执行方面制定一套统一的核心规则，能够加强此种合作，从而促进判决的有效承认和执行，确认加强此种司法合作，特别需要一项国际法律机制，为判决的全球流通提供更大的可预见性和确定性，并与 2005 年 6 月 30 日所订立的《选择法院协议公约》相互补充。”

性优势问题值得讨论：一方面，有利于重新反思和比较仲裁和诉讼之间的优势，为当事人选择国际民商事争议解决方式提供借鉴意义；另一方面，近年来，仲裁程序在实践中饱受诟病，仲裁制度亟待革新。例如，仲裁的"诉讼化"趋势减损了其效率性。[①]又如，仲裁的保密义务实践并没有在国际上达成一致，各国司法判决对于保密义务的不同态度使得仲裁当事人、仲裁员产生不确定性，甚至带来法律责任和经济损失，[②]倘若两大海牙公约能较大限度地促进和实现判决的流通，这将倒逼仲裁制度进行自我革新和完善。因此，本文将主要以《选择法院协议公约》和《海牙判决公约》提升跨国判决可执行性为视角，探究两大海牙公约对国际商事仲裁的影响。

二、《选择法院协议公约》对国际商事仲裁的影响探析

海牙国际私法会议希望像《纽约公约》一样，通过建立国际公约体系实现判决的全球流通，而《选择法院协议公约》则成为复刻《纽约公约》的载体。[③]可以说两大公约在适用的情境上有许多相似之处，这为当事人提供了选择诉讼和仲裁同等的空间。首先，两大公约都适用于当事人通过达成书面协议明确选择争议解决方式的情形；其次，两大公约都将争议局限于民商事领域；最后，两大公约都旨在协调管理跨境判决（或裁决）的执行。[④]在此情境和前提下，进一步分析《选择法院协议公约》在文本上是否就能达到其促进外国判决承认与执行的目的，并与《纽约公约》进行对比分析，考察其是否能有效吸引当事人选择跨国诉讼，从而冲击国际仲裁的受欢迎程度。

（一）公约适用范围

《选择法院协议公约》和《纽约公约》都旨在调整民商事争议，但两者的适用范围仍有区别。根据《选择法院协议公约》第2条，公约规定了16项排

---

① 参见丛雪莲、罗楚湘：《仲裁诉讼化若干问题探讨》，载《法学评论》2007年第6期，第87—93页；See Michael Mustill, Comments on Fast-Track Arbitration, 10 *Journal of International Arbitration*, 122-125（1993）.

② 参见张玉卿：《国际商事仲裁保密义务的探索与思考》，载《国际法研究》2016年第4期，第92页。

③ See Trevor Hartley & Masato Dogauchi, Explanatory Report of the 2005 Hague Convention on Choice of Court Agreements, Preface, at https://assets.hcch.net/upload/expl37final.pdf（Last visited on July 10, 2021）.

④ 参见《纽约公约》第1—3条，《选择法院协议公约》序言、第1条、第3条。

除事项，包括与人身有关的事项（包括自然人的身份及法律能力、扶养义务、婚姻家事、遗嘱继承）、破产、运输旅客和货物、部分海事方面的事项（包括海洋污染、海事诉讼的责任限制、共同海损以及紧急拖船和救助）、反垄断、核损害、人身伤害、非因合同关系产生的侵权或者不当行为对有形财产造成的损害、不动产物权及租赁权、部分与法人相关的事项（法人效力、无效或者解散，以及其机关所做决定的效力）、著作权和邻接权以外知识产权的有效性和除违约之外的知产侵权事项、公共登记项目的有效性。并且在该条第1款，公约排除了消费者合同和雇佣合同。

而《纽约公约》在适用范围上则规定简略。根据《纽约公约》第1条第3款的规定，公约在适用范围上设计了两大保留，即“互惠保留”和“商事保留”。首先，“互惠保留”是指《纽约公约》只适用于在另一缔约国领土内作出的裁决，其与“地域标准”相挂钩，虽然“互惠保留”是否天然排斥“非内国裁决”的争论还在继续，[①]但无论是ICCA的解释还是联合国贸法会的指南，都用已经提出“互惠保留”的美国法院的司法实践透露“非内国裁决”和“互惠保留”两者不互相排斥的观点。[②]其次，关于“商事”的解释，《纽约公约》将其交由各缔约国处理，并且各国也通过司法实践承认了商事关系不应局限于合同关系，侵权关系等也应当包括其中，同时对于“商事”一词也应采宽泛解释。[③]除此之外，《纽约公约》第2条、第5条还设置了可仲裁性、公共政策等屏障，但都没有进一步详细解释。

由此可见，在适用范围上，《纽约公约》不如《选择法院协议公约》那么明晰，但是就《纽约公约》的目的而言，各国可能更倾向于对《纽约公约》进行宽泛解释，从而凸显其“支持仲裁”的理念。所以，就《选择法院协议公约》列举出的排除性事项而言，公司破产、运输、反垄断、不动产物权和租

---

① 参见郭玉军、付鹏远：《非内国裁决的承认与执行问题研究》，载《哈尔滨商业大学学报（社会科学版）》2018年第3期，第125页。

② 参见联合国国际贸易法委员会：《贸易法委员会秘书处关于〈承认与执行外国仲裁裁决公约〉（1958年，纽约）的指南》，联合国国际贸易法委员会2016年版，第31页。See also International Council for Commercial Arbitration, ICCA's Guide to the Interpretation of 1958 New York Convention: A Handbook for Judges, *International Council for Commercial Arbitration*, 2011, pp.24–25.

③ 参见中国国际仲裁30人编著：《1958年〈承认与执行外国仲裁裁决公约〉（〈纽约公约〉）理论与适用》，法律出版社2020年版，第18—20页。

赁、法人效力、知识产权和一些涉及商事的侵权事项很有可能被包括在《纽约公约》之中，但是却被《选择法院协议公约》明确地排除了。所以，《纽约公约》虽未像《选择法院协议公约》一样采取负面清单列举的方式规定适用范围，这看似不明确，其实扩张了适用范围。

（二）管辖权相关问题

在管辖权问题上，《选择法院协议公约》主要是设置了“被选择法院的管辖权”和“未被选择法院的义务”条款（第5条和第6条）：一方面保障被选择法院获得管辖权，另一方面要求未被选择法院在一定条件下放弃管辖权，从而尽可能保障被选择法院的排他管辖。

1. 法院选择协议的性质及效力

法院选择协议的性质和效力认定规则可在《选择法院协议公约》中寻得踪迹，公约的规定是否能提升其竞争力和当事人选择诉讼的意愿值得讨论。

（1）法院选择协议的性质

选择法院协议是否推定地具有排他性成为《选择法院协议公约》的一大焦点问题。根据《选择法院协议公约》第3条的规定，法院选择协议应当被推定为排他，除非当事人明示不排他。这一规定从确定管辖权、防止平行诉讼角度上来说利好。但是，普通法和大陆法对这一问题的观点存在不一致，普通法系认为当事人既然未明示协议是排他的，自然没有接受某一法院排他性管辖的意愿，[①]而大陆法系则采取和公约一致的态度。[②]鉴于两大法系态度上的差异，《选择法院协议公约》第3条的规定可能不被普通法系国家认可，进而影响公约的受欢迎程度。

（2）法院选择协议的效力

首先，在形式效力上，《选择法院协议公约》更具优势，但是优势不明显。根据《选择法院协议公约》第3条第3项的规定，[③]法院选择协议除了书面形式，

① See Ronald A. Brand & Paul Herrup, *The 2005 Hague Convention on Choice of Court Agreements: commentary and documents*, Cambridge University Press, 2008, pp.42–43.

② 大陆法系的观点被体现在2012年修订的《布鲁塞尔条例I》第25条、2007年修订的《卢加诺公约》第23条、《瑞士国际私法》第5条等法律条文中，这些法律条文均承认推定协议排他的观点。See Gary B. Born, *International Arbitration and Forum Selection Agreements*, 6th ed., Wolters Kluwer, 2021, pp.18–19.

③ 《选择法院协议公约》第3条第3项：一项排他性选择法院协议必须用以下方式缔结或者以文件形式证明：（1）以书面形式；（2）以其他任何联系方式，且该方式能提供可获取的信息，使其日后可予使用。

还可以其他任何联系方式，只要能满足获取和日后使用信息的要求即可。而根据《纽约公约》第2条的规定，仲裁协议要求书面形式，同时需满足“签订”或“在互换函电中所载明”的条件。从文本上来看，《选择法院协议公约》在协议的形式要求上比《纽约公约》对协议的要求更宽泛，这或许成为《选择法院协议公约》的一项优势。但是，随着《纽约公约》实施以来，各国司法实践其实更倾向于对《纽约公约》第2条进行宽泛解释从而扩大公约适用范围。[①]

其次，在实质效力的审查上，《选择法院协议公约》与《纽约公约》都规定了缔约国法院对协议效力的审查权，但在协议的法律适用规则上存在差异。《选择法院协议公约》在规定了选择法院协议独立性的同时，规定判定协议效力应当适用被选择法院国法。[②]而《纽约公约》第2条第3款并未明确说明应当依据什么样的法律进行审查，因此在实践中就存在适用法院地法、根据公约第5条第1款（甲）项的法律适用规则确定的准据法、有利于承认仲裁协议效力的法律三种做法。[③]由此，《选择法院协议公约》相较《纽约公约》而言更具确定性。不过，这种确定性除增加缔约国的顾虑外，亦面临着自设的限制和减损，即《选择法院协议公约》第6条另规定了明显不公正和违反公共政策的限制条件，[④]根据《选择法院协议公约的解释报告》，虽然公约增设了例外，但是作出了一些初步的文义解释，也不允许仅凭违反国内法而认定协议无效，相当于设定了一个认定无效的高门槛。[⑤]而又反观《纽约公约》并未

---

① 如在对“签订”解释上，大多数国家认为严格的签字外在表象并非必须，只需证明双方当事人构成合意即可。See Louis Del Duca & Nancy A. Welsh, Enforcement of Foreign Arbitration Agreements and Awards: Application of the New York Convention in the United States, 62 *AM. J. COMP. L. Supp.* 77（2014）. 参见宋连斌：《国际商事仲裁管辖权研究》，法律出版社2000版，第66页。另外，作为各国仲裁立法蓝本的《联合国国际贸易法委员会国际商事仲裁示范法》第2条第2款则将“互换函电”范围扩张至电子通信的手段。

② 参见《选择法院协议公约》第3条、第5条第1款、第6条（a）项、第9条（a）项。

③ 参见中国国际仲裁30人编著：《1958年〈承认与执行外国仲裁裁决公约〉（〈纽约公约〉）理论与适用》，法律出版社2020年版，第41—42页。

④ 参见《选择法院协议公约》第6条第3项：“承认该协议有效将导致明显的不公正或者明显违背受理案件法院所在地国家的公共政策。”

⑤ See Trevor Hartley & Masato Dogauchi, Explanatory Report of the 2005 Hague Convention on Choice of Court Agreements, para.152-153, at https://assets.hcch.net/upload/expl37final.pdf（Last visited on July 10, 2021）.

增设其他的条件，加上当今国际商事仲裁“有利于有效原则”成为潮流，[①]在《选择法院协议公约》确定性与《纽约公约》模糊性的较量下，很难说孰更具优势，因为模糊的规定不代表不会发挥作用。正如有学者所说，对于《选择法院协议公约》第6条规定的限制只是学理上的讨论，其限制效果可能还需在实践中进一步考察。[②]

2. 未被选择法院义务的例外

《纽约公约》第2条第3款规定了除非协议是无效、不再适用或者不能实行，否则法院应当令当事人诉诸仲裁。在司法实践中，许多法院已经采取对仲裁协议初步审查的标准，这被认为加快了仲裁进程。[③]而对于《选择法院协议公约》而言，其第6条规定了五种例外，其中前四种例外涉及未被选择法院的自由裁量。[④]在无现有司法实践数据支撑的情况下，这种自由裁量通常意味着《选择法院协议公约》并不能遏止平行诉讼的风险。例如，双方当事人约定缔约国A国法院为管辖法院，但是其中一方当事人到缔约国B国提起诉讼，B国法院根据第6条审查当事人之间的法院选择协议的效力，这自然将涉及B国法院的自由裁量，若认为该协议无效（或者认为承认协议有效将导致明显不公正或明显违反本地公共政策）则将管辖该案件，这并不违反公约，此时若A国同时也正在进行诉讼程序，平行诉讼依旧存在。

除此之外，《选择法院协议公约》为了防止“不方便法院原则”的滥用，设定了第5条第2款，即被选择法院不得以争议应由其他法院管辖为由而拒绝管辖。然而，《选择法院协议公约》第6条第5项（第五种例外）却又规定

① 在经济全球化的当下，实践早已表明尊重当事人的意思成为国际商事仲裁的发展趋势，应当尽量满足当事人希望通过仲裁解决争议的意愿。参见赵秀文：《〈纽约公约〉与国际商事仲裁协议的效力认定》，载《河北法学》2009年第7期，第8页。

② See Ronald A. Brand, Arbitration or Litigation? Choice of Forum after the 2005 Hague Convention Choice of Court Agreements, 2009 *Annals FAC. L. BELGRADE INT'l ED.* 32（2009）.

③ 参见中国国际仲裁30人编著：《1958年〈承认与执行外国仲裁裁决公约〉（〈纽约公约〉）理论与适用》，法律出版社2020年版，第39–40页。

④《选择法院协议公约》第6条：“除以下情形外，被选择法院以外的缔约国法院应当中止或者驳回排他性选择法院协议所适用的诉讼：（一）依据被选择法院地国的法律，该协议是无效的；（二）依据受理案件的法院地国的法律，一方当事人不具有签订该协议的能力；（三）承认该协议有效将导致明显的不公正或者将明显违背受理案件法院地国的公共政策；（四）基于当事人不可控制的特殊原因，该协议不能合理得到履行；（五）被选择法院已决定不审理该案件。”

“被选择法院已决定不审理该案”，也许这一款是针对那些已经作出“管辖权限制声明”的缔约国（这些国家反对“离岸诉讼”），但显而易见，公约已经与其最初设置规则的目的渐行渐远。

3. 对平行程序的解决效果

长期以来，《纽约公约》由于其第2条第3款对于仲裁协议效力审查的标准、法律适用规则规定得不明，以及各国对于“管辖权—管辖权原则”（或“自裁管辖权”）（competence-competence）态度的不一，在仲裁庭认定自己有管辖权而开启仲裁程序的同时，各国法院认定仲裁协议无效而开启诉讼程序，平行程序就此产生。虽然就目前而言，平行程序无法得到世界范围内较为完满的解决，但是“支持仲裁”、提倡对仲裁协议初步审查的理念得到了广泛支持。[①] 而在这一问题上，《选择法院协议公约》同样无法解决平行程序的问题。

“双重选择”条款（double choice）往往导致《选择法院协议公约》和《纽约公约》同时适用的情况，从而引发诉讼管辖和仲裁管辖之间的冲突。[②] 一方面，《选择法院协议公约》的适用对象为排他性选择法院协议，排除未被选择法院管辖但并未排除仲裁庭管辖。[③] 所以，由于《选择法院协议公约》不调整仲裁事项，法院可能依据“仲裁例外”条款仅判断法院选择协议的效力，[④] 而仲裁庭也可能认定自己拥有管辖权，这种平行程序无法避免。另一方面，《选择法院协议公约》第26条保障了仲裁裁决执行上的优势地位，执行地法院可

---

① 有学者认为，仲裁地法院对于仲裁管辖问题应当具有最终的管辖权，并应当尊重仲裁庭的优先决定权，因为这更符合商业常理和当事人的意思自治。参见涂广建：《论国际民商事仲裁与诉讼的平行程序》，载《南大法学》2021年第4期，第27—28页。

② “双重选择”条款是指如果当事人在合同中既规定仲裁条款，又规定选择法院条款，一旦发生纠纷就会陷入根据《选择法院协议公约》启动的司法程序同根据《纽约公约》确定的有效仲裁协议而启动的仲裁程序之间的冲突之中。具体地，当事人约定了在A国的排他法院选择协议和在B国的仲裁协议，当事人拿到一个判决和一个裁决，分别在当地国（A或B国）执行或者拿到另一国（A或B国）执行。参见张鸣：《〈选择法院协议公约〉对法治全球治理的影响研究——以诉讼和国际仲裁的管辖冲突为视角》，载《河南工业大学学报（社会科学版）》2019年第5期，第32—35页。

③ 排他性选择法院协议公约并不排除仲裁管辖是对《选择法院协议公约》第26条第3款的尊重，即《选择法院协议公约》不应影响《纽约公约》的义务履行。See Ronald A. Brand & Paul Herrup, *The 2005 Hague Convention on Choice of Court Agreements: commentary and documents*, Cambridge University Press, 2008, p.42. See also Paul Beaumont, Hague Choice of Court Agreements Convention 2005: Background, Negotiations, Analysis and Current Status, 5 *Journal of Private International Law*, 140-141 (2009).

④ 参见《选择法院协议公约》第2条第4款。

能以执行《选择法院协议公约》项下的判决不能影响《纽约公约》的适用为由优先执行仲裁裁决。

（三）拒绝承认与执行的理由

《选择法院协议公约》和《纽约公约》都规定了拒绝承认与执行的理由，① 二者有共同之处:（1）都规定了仅可依据有限理由拒绝承认与执行;（2）都规定了可以（may）拒绝，说明即便满足拒绝理由也可以继续执行;（3）规定的部分事由相同，包括: 协议无效、当事人缺乏缔结协议的能力、正当程序或通知出庭答辩的权利被剥夺、违反公共政策;（4）执行国法院仅限于形式审查。② 但是两大公约亦存在不同之处，且《选择法院协议公约》存在固有的缺憾。

首先，虽然《选择法院协议公约》没有纳入“先行优先”原则（Lis pendens），③ 有利于规避“判决竞争”（race to judgement），但这一问题却可能因为《选择法院协议公约》第 9 条第 6 款、第 7 款的存在而加剧。在前述因适用未被选择法院义务的例外条款而导致平行诉讼的例子中，④ 若 A、B 两国产生冲突判决，而 B 国在先作出判决，B 国法院作出的判决不仅可能得到非缔约国承认与执行，甚至可能得到缔约国承认与执行，⑤ 因为根据第 9 条第 6 款和第 7 款的规定:（1）倘若 B 国本身就是执行国，那么 B 国法院可根据第 9 条第 6 款拒绝承认与执行 A 国法院判决;（2）倘若存在缔约国 C 国作为执行国，C 国法院可能根据第 9 条第 7 款拒绝承认与执行 A 国判决。鉴于第 9 条第 6 款、第 7 款的条件是 B 国判决在先，所以，如果当事人分别希望其中某一国的判决得到承认与执行，他们将加快推进程序，判决竞争由此产生，并且实际上减损了当事人当初签订法院选择协议的可预期性，亦减损了公约“提供确定性”的目的和适用效果。

---

① 涉及拒绝承认与执行的相关法条:《选择法院协议公约》第 8 条、第 9 条、第 11 条、第 20 条，《纽约公约》第 5 条。

② 不过，两大公约有程度上的区分，《选择法院协议公约》允许对缺席判决进行实质审查（第 8 条第 2 款）。

③ “先行优先”是指先受理案件的法院优先享有案件管辖权。

④ 即 A 国法院为被选择法院，但是其中一方当事人到缔约国 B 国提起诉讼，B 国法院根据第 6 条审查当事人之间的法院选择协议的效力认定该协议无效（或者认为承认协议有效将导致明显不公正或明显违反本地公共政策）则将管辖该案件，于是 A、B 两国诉讼程序同时进行。

⑤ 但不是必须承认与执行，因为第 8 条中必须承认与执行的对象是被选择法院的判决。

其次，关于欺诈事由，《选择法院协议公约》第9条另规定了欺诈，而《纽约公约》未规定。为实现促进判决流通的目的，《选择法院协议公约》的解释报告认为此处的“欺诈”仅限于程序上的“欺诈”，如故意送达至错误的地址，故意向被告提供有关听证时间和地点的错误信息，向法官、陪审员或证人行贿，故意隐瞒关键证据等。[①] 而《纽约公约》虽未规定欺诈，但有可能被解释为《纽约公约》中的“正当程序抗辩”。

再次，公共政策事由上，《选择法院协议公约》的解释报告明确，这里的公共政策包括程序性公共政策，以兼顾那些承认程序性公共政策的国家。[②] 然而，欺诈事由可被解释为程序性公共政策，[③] 正当程序违反亦有可能被解释为程序性公共政策，如此一来，很可能导致公约条文适用上的混乱，甚至公约解释报告也承认这一点。[④] 同时，也可能给不承认程序性公共政策的国家带来顾虑。相反，纽约公约并未解释得如此详细，公共政策的范围可留给内国法院和学者进行解释。[⑤]

最后，承认与执行条件的表述与举证责任有差异。根据《选择法院协议公约》第8条第3款、第4款的规定，判决在原审国有效才能承认，在原审国有可执行性才能执行，处于复审阶段或复审期未过的还可以推迟或拒绝承认

① See Trevor Hartley & Masato Dogauchi, Explanatory Report of the 2005 Hague Convention on Choice of Court Agreements, para.188, at https://assets.hcch.net/upload/expl37final.pdf（Last visited on July 10, 2021）.

② See Trevor Hartley & Masato Dogauchi, Explanatory Report of the 2005 Hague Convention on Choice of Court Agreements, para.189–190, at https://assets.hcch.net/upload/expl37final.pdf（Last visited on July 10, 2021）.

③ 《关于以公共政策为由拒绝执行国际仲裁裁决的最终报告》及《关于以公共政策为由拒绝执行国际仲裁裁决的临时报告》均认可了程序性公共政策的概念，将欺诈纳入在内。参见国际法学会：《关于以公共政策为由拒绝执行国际仲裁裁决的最终报告》，杜焕芳译，载中国国际经济贸易仲裁委员会编：《〈纽约公约〉与国际商事仲裁的司法实践》，法律出版社2010年版，第365—384页。See Audley Sheppard, *Interim ILA Report on Public Policy as a Bar to Enforcement of International Arbitral Awards*, Vol.19, Oxford University Press, 2003, p.238.

④ 《选择法院协议公约》的解释报告承认，第9条第3款、第4款、第5款都强调程序公正所以会发生重叠适用。

⑤ 例如，Gary Born认为既然《纽约公约》第5条第1款（乙）、（丁）规定了程序违法的事项，所以应当将公共政策限缩至实体性的公共政策中。See Gary B. Born, *International Commercial Arbitration*, 3rd ed., Wolters Kluwer, 2021, pp.4043–4049.

与执行。又根据第13条第1款第4项，申请人应当承担证明判决有效和可执行的举证责任。而《纽约公约》汲取《日内瓦公约》“双重许可”的经验，[①]改变了“终局”的表述，其第5条第1款（戊）项规定：“裁决对各造有约束力。”根据第5条第1款的表述，公约将举证责任倒置，如果被申请人未举证证明，裁决将自动执行。由此可以看出：（1）《纽约公约》“有约束力”的表述更模糊，将对“有约束力”和“终局”的区分交由各缔约国，而《选择法院协议公约》则规定了“复审期”的要求，是针对“终局”更为详细的表述；（2）举证责任上，《纽约公约》的举证责任调换规定较《选择法院协议公约》更能提高承认与执行的效率，而《选择法院协议公约》的规定则类似于《日内瓦公约》的规定，申请人需要承担更重的举证责任。虽然“复审期”和举证责任的规定是基于诉讼自身特征和防止冲突判决的目的而作出的，但是就效率来说，《选择法院协议公约》并没有改变仲裁更受欢迎的颓势。

（四）《选择法院协议公约》声明事项

《选择法院协议公约》提供了四项声明：限制管辖权的声明、限制承认和执行的声明、关于特定事项的声明、关于非排他性选择法院协议的互惠声明。四项声明较《纽约公约》仅有的两项保留事项更多，且其规定更详细和复杂。

首先，《选择法院协议公约》第19条规定了限制管辖权的声明。《选择法院协议公约》为了照顾一些支持“实际联系原则”、反对“离岸诉讼”的国家，规定了该声明。[②]但是从当事人角度而言，一旦越来越多的国家作出了该项声明，当事人的意思自治可能受到限制，甚至限制其达成国际商事契约，因为有时他们渴望一个更为中立的法院来审理他们之间的纠纷，[③]况且摒弃实际联系原则、给予当事人更多的选择自由已经成为国际潮流，[④]因此这一保留无异

---

① 1927年《日内瓦公约》要求当事人经过两道程序：一、先向裁决作出国申请确认裁决的终局效力；二、确认之后，再向承认与执行国提出承认与执行的申请。这种“双重许可”给当事人造成不便和负担，也减缓了仲裁的效率。参见1927年《日内瓦公约》第1条（d）项、第4条第2款。

② See Trevor Hartley & Masato Dogauchi, Explanatory Report of the 2005 Hague Convention on Choice of Court Agreements, para.230, at https://assets.hcch.net/upload/expl37final.pdf（Last visited on July 10, 2021）.

③ 参见刘仁山：《我国批准〈选择法院协议公约〉的问题与对策》，载《法学研究》2018年第4期，第195页。

④ 参见黄进、刘静坤、刘天舒：《中国国际商事法庭制度改革探析》，载《武大国际法评论》2020年第6期，第6页。

于维持现状，虽有利于公约通过，但并未吸引当事人选择跨国诉讼这一纠纷解决方式。

其次，《选择法院协议公约》第20条规定了限制承认和执行的声明。因为《选择法院协议公约》第1条第2款已经规定了适用范围限于国际案件，但是又根据第1条第3款，如果一个判决是由外国法院作出，那么该案件就是国际案件，而第20条针对的就是当事人居住在执行国、相关案件事实也只与该国有关，仅仅是被选择法院是外国法院的情况，[①]执行国可以通过作出声明，拒绝承认与执行只是选择法院在外国的判决，由此可阻止当事人挑选法院。但是，《纽约公约》并没有这类声明事项，且《纽约公约》完全没有讨论案件涉外性的问题，其适用范围仅仅与裁决作出地挂钩（“地域标准”和“非内国标准”），只要裁决是在另一缔约国作出即可适用该公约。虽然一些国家在其国内实践中会认为，将一个非涉外案件交由一个境外仲裁机构进行裁决的仲裁协议是无效的，[②]但是随着“有利于有效”原则和“支持仲裁”观念的推行，各国对待该类仲裁协议的态度逐渐开放，如我国出台的司法解释[③]、新加坡“双轨制”承认与执行制度[④]、印度司法态度的转变[⑤]所体现的那样。由此

① See Trevor Hartley & Masato Dogauchi, Explanatory Report of the 2005 Hague Convention on Choice of Court Agreements, para.233, at https://assets.hcch.net/upload/expl37final.pdf (Last visited on July 10, 2021).

② 如我国，参见北京朝来新生体育休闲有限公司申请承认和执行外国仲裁裁决案，北京市第二中级人民法院民事裁定书（2013）二中民特字第10670号；参见《最高人民法院关于江苏航天万源风电设备制造有限公司与艾尔姆风能叶片制品（天津）有限公司申请确认仲裁协议效力纠纷一案的请示的复函》，[(2012）民四他字第2号]。

③ 2016年《最高人民法院关于为自由贸易试验区建设提供司法保障的意见》第9条规定，“在自贸试验区内注册的外商独资企业相互之间约定商事争议提交域外仲裁的，不应仅以其争议不具有涉外因素为由认定相关仲裁协议无效”。

④ 当事人在争议无涉外因素的情形下选择在新加坡法域内仲裁机构仲裁，适用新加坡《仲裁法》，仲裁协议可以得到承认与执行；若选择域外仲裁机构进行仲裁，则适用新加坡《国际仲裁法》，仲裁协议同样可以得到承认与执行。参见顾维遐：《无涉外因素争议的域外仲裁问题》，载《中外法学》2018年第3期，第659—660页。

⑤ 印度此前的司法实践均不允许非涉外案件约定境外仲裁，但在2017年的GMR案中，德里高等法院裁定非涉外案件可以约定境外仲裁。参见杨灵一：《非涉外合同可否约定境外仲裁——考察中国和印度的司法实践》，载北京仲裁委员会/北京国际仲裁中心组编：《北京仲裁》（第104辑），中国法制出版社2018年版，第145—150页。

可见，基于当前仲裁实践现状和公约该保留事项的存在，当事人更可能选择仲裁而非诉讼。

再次，《选择法院协议公约》第21条规定了关于特定事项的声明。结合公约及其解释报告，公约对该项声明设置了限制，即各国需要基于透明度、不溯及力和互惠原则，并符合“特定事项定义清楚明确”“重大利益”的条件。[①]然而，该条中的概念相当模不确定，如“重大利益”，各国都可以根据本国的重大利益而作出该项声明，欧盟对该条作出了排除一些保险合同的声明，[②]丹麦和英国亦作出了部分保险合同的排除声明，[③]而根据墨尔本大学Richard Garnett教授的研究，[④]《选择法院协议公约》第21条将成为减损公约适用效果的“特洛伊木马”，由于概念过于宽泛，《选择法院协议公约》将会随着各国的声明而逐渐空心化。如果各国要批准该条约，美国可能借助该条排除特许经营合同（franchise contract）和大众市场合同（mass market contract），中国可能会维护自身对中外合资企业的专属管辖权，[⑤]加拿大可能会排除由石棉伤害引起的索赔事项。如果这些声明作出，所列举的排除事项将再一次缩小公约的适用范围，而这些事项则可能被《纽约公约》的“商事”概念包括，前文已述，目前各国倾向于从广义解释《纽约公约》中的“商事”概念，所以当事人更有可能考虑到这点，进而约定仲裁而非诉讼。

最后，《选择法院协议公约》第22条规定了关于非排他性选择法院协议的互惠声明。基于非排他协议实践的大量存在，该条扩大了《选择法院协议公约》

---

① See Trevor Hartley & Masato Dogauchi，Explanatory Report of the 2005 Hague Convention on Choice of Court Agreements，para.234–236，at https://assets.hcch.net/upload/expl37final.pdf（Last visited on July 10，2021）.

② See European Union,Declaration/Reservation/Notification，at https://www.hcch.net/en/instruments/conventions/status-table/notifications/?csid=1044&disp=resdn（Last visited on June 26，2021）.

③ See Denmark，Declaration/Reservation/Notification，at https://www.hcch.net/en/instruments/conventions/status-table/notifications/?csid=1392&disp=resdn（Last visited on June 26，2021）. See United Kingdom of Great Britain and Northern Ireland，Declaration/Reservation/Notification，at https://www.hcch.net/en/instruments/conventions/status-table/notifications/?csid=1318&disp=resdn（Last visited on June 26，2021）.

④ See Richard Garnett，The Hague Choice of Court Convention：Magnum Opus or Much Ado about Nothing，5 *Journal of Private International Law*，pp.176–179（2009）.

⑤ 我国亦有学者建议对知识产权事项的排除。参见刘仁山:《我国批准〈选择法院协议公约〉的问题与对策》，载《法学研究》2018年第4期，第204—205页。

的适用范围，只适用《选择法院协议公约》第三章关于承认与执行的相关条款，尤其是排除了《选择法院协议公约》第5条、第6条的适用，[①] 同时也通过规定排除了未决诉讼的顾虑。[②] 值得肯定的是《选择法院协议公约》为当事国之间提供了互惠磋商平台，不过基于互惠本身的限制，以及各国对非排他协议的认定实践不一，有多少国家将会作出该项声明还不得而知，但从现在各批准国的声明来看，包括欧盟在内的缔约方都没有作出该项声明，该项声明是否能在实际上扩大《选择法院协议公约》的适用，从而吸引当事人选择诉讼方式解决争议，还需要看各国未来的态度。

三、《海牙判决公约》对国际商事仲裁的影响探析

对于《海牙判决公约》对国际商事仲裁的影响问题，尽管有学者认为《海牙判决公约》在适用范围上和《纽约公约》没有重叠之处，仲裁协议有排他性管辖的效力，而《海牙判决公约》适用没有无排他性选择法院协议的情况。[③] 然而，《海牙判决公约》作为与《选择法院协议公约》相互补充的一种机制，[④] 倘若该公约能实现其促进判决承认与执行的目的，则将作为规则的改变者（Game Changer），影响当事人选择跨国诉讼的意愿。

《海牙判决公约》存在明显的优点。例如，随着其影响力的扩大，可能会影响到国内法的修改，以达到影响直接管辖权的效果。又如，兼容了确定性和灵活性、增加了一些新的制度、考虑到了不同的利益方。[⑤] 但是，其仍存在不足，而这些不足将极大地减损其提升判决可执行性的目的。由于《海牙判决公约》在适用范围、声明事项方面与《选择法院协议公约》近似，故不在此进行

---

① See Trevor Hartley & Masato Dogauchi, Explanatory Report of the 2005 Hague Convention on Choice of Court Agreements, para.240, at https://assets.hcch.net/upload/expl37final.pdf（Last visited on July 10, 2021）.

② 参见《选择法院协议公约》第22条第2款。

③ See Johannes Landbrecht, Commercial Arbitration in the Era of the Singapore Convention and the Hague Court Conventions, 37 *Kluwer Law International*, 4（2019）.

④ 参见《海牙判决公约》序言部分。

⑤ See Ning Zhao, Completing a Long-Awaited Puzzle in the Landscape of Cross-Border Recognition and Enforcement of Judgments: An Overview of the HCCH 2019 Judgments Convention, 30 *Swiss. REV. INT'l & EUR. L.* 349-351（2020）.

赘述。[①]而在管辖权、拒绝承认与执行事由方面，《海牙判决公约》有其自身的缺憾。

（一）间接管辖权规定的缺憾

《海牙判决公约》在管辖权问题上采取间接管辖权的规则，虽然减少了各国之间关于直接管辖权的争议，但是使得其有效促进判决承认与执行的可能性微乎其微。

首先，根据《海牙判决公约》第 5 条的规定，间接管辖权以联系（与被告、原审法院国的联系）和同意为原则，规定了 13 项事由。然而，仔细探究每一项事由，其实都是对各国直接管辖权共同因子的总结，本质上是一种最大公约数。[②]并且仅仅在承认与执行阶段才会涉及该公约，遂公约发挥的实际效果与《选择法院协议公约》的直接管辖权所发挥的效果差距较大，这一点在公约解释报告上也得到了承认，如《选择法院协议公约》第 8 条第 2 款的规定，被请求国法院受原审法院管辖权的事实裁决的约束，除非判决是缺席作出的，明显是一种直接管辖权的体现。[③]没有构建直接管辖权的制度成了《海牙判决公约》的一大缺憾。

其次，直接管辖权规定的缺失还会造成其他的问题：（1）可能造成当事人纠纷解决的拖延，与此同时产生既不合理也不必要的诉讼费用；（2）间接管辖权规则的析取性特征有时反而促使当事人利用间接管辖权的规则漏洞阻碍判决的承认与执行。有学者甚至推知，在特定情况下，可能任何一个法院作出

---

① 适用范围方面，《海牙判决公约》第 1 条、第 2 条规定其适用于民商事判决，且不适用于税收、关税或行政事项，仅调整承认与执行问题。第 2 条规定了 17 项排除适用的范围、仲裁例外等。与前述《选择法院协议公约》和《纽约公约》的比较相似，《纽约公约》中的“商事”概念广泛，因此《海牙判决公约》中被排除的事项可能被包括在《纽约公约》之中。声明事项方面，与《选择法院协议公约》一样，都规定了“限制承认与执行的声明”和“特定事项的声明”。由于《海牙判决公约》适用于非排他的情况，故没有规定“限制管辖权的声明”。由于本文讨论的情况仅限于一般商事主体之间的争议，故不讨论“与国家相关判决的声明”。

② 参见何其生：《间接管辖权制度的新发展及中国的模式选择》，载《法律科学（西北政法大学学报）》2020 年第 5 期，第 191—194 页。

③ See FRANCISCO GARCIMARTíN AND GENEVIèVE SAUMIER，EXPLANATORY REPORT ON THE 2019 HCCH JUDGMENTS CONVENTION，para.121，at https://assets.hcch.net/docs/a1b0b0fc-95b1-4544-935b-b842534a120f.pdf（Last visited on June 26，2021）.

的判决都得不到执行。[①] 具体而言，在当事人约定了非排他性法院选择协议的同时，一方当事人到未被选择的法院起诉，而此时将产生两个判决，一是未被选择法院作出的判决，二是被选择的法院作出的判决。由于只要满足《海牙判决公约》第5条和第7条的任一事由，这两条规定就将适用。由此，对于未被选择法院作出的判决而言，虽然不能够依据第5条第1款第13项获得承认与执行的基础，[②] 但可以依据其他12项事由获得承认与执行基础，但最终会遭到《海牙判决公约》第7条第1款第4项的排除。[③] 于是，该未被选择法院作出的判决将得不到承认与执行。而对于被选择法院作出的判决而言，在根据《海牙判决公约》第5条第1款第13项获得承认与执行的基础之后，假如未被选择的法院是被请求国或者是较早作出判决的第三国，根据《海牙判决公约》第7条第1款第5项、第7条第1款第6项、第7条第2款的规定，将同样会面临无法承认与执行的境况。由此可见，在最终的承认与执行阶段，由于直接管辖权规定的缺失，当事人可能利用现有的规则使得最终执行的结果不如公约预想，甚至最终滑向公约目的的反面。

（二）拒绝承认与执行的事由

1. 不同于《选择法院协议公约》的"欺诈"

根据公约解释报告，公约规定的"欺诈"不像《选择法院协议公约》一样仅限于程序欺诈，其还包含实质欺诈，[④] 这其实减损了判决的可执行性。虽然这种审查可能并不违反公约要求，因为根据《海牙判决公约》第4条第2款的规定，只要是出于适用公约的需要，就可例外地进行实质审查。[⑤] 但总

---

① See also Rouzana Kasem, The Future of Choice Court and Arbitration Agreements under the New York Convention, the Hague Choice of Court Convention, and the Draft Hague Judgments Convention, 10 *ABERDEEN Student L. REV.* 108-109 (2020).

② 《海牙判决公约》第5条第1款第13项规定："判决由非排他性选择法院协议所指定的法院作出，且该协议以书面形式签订或证明，或者能提供可获取的信息供日后查询的其他任何通讯方式所签订或者证明。"

③ 根据《海牙判决公约》第7条第1款第4项的规定，当原审国的诉讼与当事人协议或信托文书的指定相悖时，原审国的判决将被拒绝承认与执行。

④ See Francisco Garcimartín and Geneviève Saumier, Explanatory Report on the 2019 Hcch Judgments Convention, para.257, at https://assets.hcch.net/docs/a1b0b0fc-95b1-4544-935b-b842534a120f.pdf (Last visited on June 26, 2021).

⑤ 《海牙判决公约》第4条第2款规定："被请求国不得对判决的实体问题进行审查。仅出于适用公约的需要才能考虑此类审查。"

体而言，从公约的目的出发，公约总体而言反对被请求国对判决的实体问题进行审查，因为实质审查意味着承认与执行速度的减缓，与支持执行（pro-enforcement）的态度背道而驰，不利于判决的流通。

2. 第 7 条第 1 款第 4 项带来的法律适用问题

根据公约解释报告，公约为了最大限度地尊重当事人的意思自治，设置此条规则以限制当事人滥诉。① 另外，公约解释报告进一步说明，无论该种协议或信托文书的性质是排他的还是非排他的，无论被选择的法院国是公约缔约国还是非缔约国，都被包含在此条范围之内，② 看似最大限度地尊重了当事人的意思自治，增强了当事人的可预见性。然而报告却同时指出，判断协议或者信托文书的法律应当是被请求国法律，③ 这显然与设置该条的目的不符，因为只要一方当事人随意到一个公约缔约国起诉，尤其是到一个可能认定该种协议无效的国家，如这个国家反对"离岸诉讼"，而协议恰恰约定的是与争议毫无关系的法院，那么此种协议很可能无效，从而减损另一方当事人的预期。

3. 被请求国"先行优先"原则存在的问题

公约没有将"先行优先"原则作为一项普遍性的规定，但是却在第 7 条第 2 款规定在特定情形下，适用先行优先原则，即（1）诉讼涉及相同的当事人、相同的标的，（2）且被请求国先于原审国受理案件，（3）争议与被请求国有紧密联系时，被请求国可以不予承认和执行原审国的判决。虽然公约在"先行优先"原则的适用上设置了严苛的条件，但是并不能遏止"意大利鱼雷"的情况发生。④ 因为如果一方当事人抢先一步在一个诉讼程序慢的国家进行诉讼，而该国恰恰是被请求执行国，仍然会造成当事人拖延诉讼的情况。

---

① See Francisco Garcimartín and Geneviève Saumier, Explanatory Report on the 2019 Hcch Judgments Convention, para.267, at https://assets.hcch.net/docs/a1b0b0fc-95b1-4544-935b-b842534a120f.pdf（Last visited on June 26, 2021）.

② See Francisco Garcimartín and Geneviève Saumier, Explanatory Report on the 2019 Hcch Judgments Convention, para.269, at https://assets.hcch.net/docs/a1b0b0fc-95b1-4544-935b-b842534a120f.pdf（Last visited on June 26, 2021）.

③ Ibid.

④ "意大利鱼雷"是指一方当事人以拖延诉讼的目的，利用意大利诉讼程序缓慢的特点，先发制人开启诉讼程序，而同时触发"先行优先"机制阻止其他当事人在其他法院进行诉讼。参见涂广建：《论国际民商事仲裁与诉讼的平行程序》，载《南大法学》2021 年第 4 期，第 23 页。

显然，由于缔结难度大,《海牙判决公约》在更易被接受和更彻底两大矛盾中选择了更易被接受这一端。然而,《海牙判决公约》在间接管辖权和拒绝承认与执行事由的规定上存在的缺憾和不足，却可能使得其促进判决承认与执行的目的难以实现。进一步地,《海牙判决公约》难以吸引更多的当事人选择跨国诉讼而非国际商事仲裁。

四、两大海牙公约对可执行性目的的实现：差异与根源

经过以上分析，不难看出，两大海牙公约在实现判决流通、提升判决国际可执行性目的上，仍然有其局限性。具体而言，两大海牙公约或是规定了较为明确的法律适用规则，或是规定了较多的声明事项，抑或妥协地采取间接管辖权的规定，这些都将影响两大海牙公约自身的适用效果。

除此之外，各国对于公约的批准问题仍采取谨慎的态度。就批准现状而言，目前《选择法院协议公约》的批准情况并不乐观。截至2022年4月6日，批准该公约的国家或区域为：丹麦、欧盟、墨西哥、黑山、新加坡、英国。更多国际贸易大国（或国际贸易中占比巨大的缔约方）对公约的批准将促使更多的国家紧随加入，而现实并非如此：（1）虽然美国学界和实务界对加入公约保持乐观态度，[①] 如有观点称，美国是否同意加入判决公约取决于该公约是否对美国的商业、消费者和政府有利，而美国若推动公约实施，将增加与亚欧各国的经贸往来，[②] 但是由于在如何加入公约的问题上周旋过久，[③] 美国自2009

---

① See Louise Ellen Teitz, Both Sides of the Coin: A Decade of Parallel Proceedings and Enforcement of Foreign Judgments in Transnational Litigation, 10 *Roger Williams University Law Review*, 63 (2004). See Jeffrey Talpis & Nick Krnjevic, The Hague Convention on Choice of Court Agreements of June 30, 2005: The Elephant That Gave Birth to a Mouse, 13 *Sw. J. L. & TRADE AM.* 4–5 (2006).

② See Louise Ellen Teitz, Another Hague Judgments Convention: Bucking the Past to Provide for the Future, 29 *DUKE J. COMP. & INT'l L.* 507–511 (2019).

③ 有学者认为，美国应当直接加入和执行公约。See Louise Ellen Teitz, Both Sides of the Coin: A Decade of Parallel Proceedings and Enforcement of Foreign Judgments in Transnational Litigation, 10 *Roger Williams University Law Review*, 63 (2004). 也有学者认为美国长期以来缺乏诉讼类公约导致外国判决不像外国仲裁裁决那样容易得到执行，对于这一问题，多边公约是理想机制，但现实谈判却限制不太可能得到实现，所以建议先统一国内的联邦立法。See Yuliya Zeynalova, The Law on Recognition and Enforcement of Foreign Judgments: Is It Broken and How Do We Fix It?, 31 *Berkeley Journal Of International Law*, 152–153 (2013).

年签署公约以来就一直未批准公约;(2)虽然我国学者也呼吁应尽快评估公约各项条款,作出声明保留、制订方案并完成公约批准工作,[①] 但我国自 2017 年签署公约至今也没有批准该公约;(3)而《选择法院协议公约》对于欧盟来说影响并没有那么明显,因为其内部有标准更为严格的《布鲁塞尔条例I》。另外,《海牙判决公约》则仅有哥斯达黎加、以色列、乌克兰、乌拉圭、俄罗斯和美国六个国家签署了该公约,而没有国家批准。[②] 或许是基于间接管辖权规定的缺憾,海牙国际私法会议正在着手直接管辖权项目,即海牙管辖权项目。

而反观《纽约公约》,尽管公约的规定呈现模糊性的特征,如(1)缺乏详细的适用例外事项,只留下"商事"概念留给各国界定;(2)互惠保留与非内国裁决的关系;(3)第 2 条中"不论为契约性质与否""签订"等词的模糊性;(4)在确定管辖阶段仲裁协议效力的准据法未明确;(5)第 3 条中对《日内瓦公约》"终局"的摒弃,采用更模糊的"有拘束力"的概念;(6)承认与执行拒绝事由中"超裁""可仲裁性""公共政策"的模糊概念。然而,各国却乐意采取一种"支持仲裁"的态度解释这些模糊的规定,有学者甚至认为《纽约公约》的模糊性是一种"富有创造力的模糊性"(creative ambiguity),反而能给各国更大的自由,反而能更加提升公约的受欢迎程度,促进仲裁裁决的承认与执行。[③] 同时,截至 2022 年 4 月 6 日,《纽约公约》缔约国为 169 个,为仲裁裁决提供了坚实的执行网络。

造成上述差异的根源主要是诉讼公的属性和仲裁私的属性的不同。一方面,各国对于诉讼类公约的谨慎态度主要由司法管辖权自身性质决定的,诉讼管辖权关系一国司法主权。首先,《选择法院协议公约》要求各国法院受制于当事人的意思自治而放弃管辖权似乎不现实,其为避免不同缔约国之间对协议有效性出现相互冲突的裁决,认为未被选择的法院必须尊重被选择法院

---

① 参见肖永平:《批准〈选择法院协议公约〉的利弊分析及我国的对策》,载《武大国际法评论》2017 年第 5 期,第 15—16 页。

② 截至 2022 年 4 月 6 日的条约签署及批准情况。

③ See Lucas Clover Alcolea, The 2005 Hague Choice of Court and the 2019 Hague Judgments Conventions versus the New York Convention: Rivals, Alternatives or Something Else?, 6 *MCGILL J. Disp. Resol.* 197(2019-2020). See also Neil Newing & Lucy Webster, Could the Hague Convention Bring Greater Certainty for Cross-Border Disputes Post-Brexit: And What Would This Mean for International Arbitration, 10 *Dispute Resolution International*, 113(2016).

的裁决，[①]将协议效力的准据法确定为被选择法院国法律。但《选择法院协议公约》未区分法院选择协议对当事人和对法院的效力，忽视了该种协议关乎一国司法管辖权的特点，当事人的意思自治在司法管辖权领域不可能完全排除国际公法既已确定的基本原则，于是，一国法院何以凭借协议接受当事人选择，另一国法院又何以因为协议的排除不行使管辖权呢？[②]其次，各国法律的碎片化使得《海牙判决公约》不可能大刀阔斧地规定直接管辖权，也不可能像《纽约公约》一样模糊而笼统地对关键事项进行规定，所以间接管辖权规则作为一种妥协的产物被规定下来。另一方面，仲裁具有民间性、契约性，仲裁裁决最终要接受内国法院的司法监督，所以各国对《纽约公约》则采取宽容和支持的态度，何况一国仲裁政策是一国营商环境的体现，有利于吸引外资，“支持仲裁”遂成为国际共识。

综上，两大海牙公约受制于司法管辖权的特殊性，无论是文本上的局限性，还是各国对公约的态度，都使得判决在世界范围内的流通难以达到预期，从而难以改变当事人在现阶段对于国际商事仲裁的青睐，而判决的域外可执行性还需要进一步地在磋商和合作中提升。

五、结论

国际商事仲裁的“国际可执行性”是其相较国际诉讼的主要优势之一，也是吸引当事人选择国际商事仲裁作为争议解决方式的主要原因之一。由于《纽约公约》对仲裁“国际可执行性”的赋予，仲裁裁决能在全球范围内得到普遍承认。相反，民事诉讼领域长期以来没有一个有效促进跨国判决流通的国际公约，使得跨国判决的可执行性不足，从而降低了当事人选择跨国诉讼解决纠纷的意愿。作为国际民事诉讼领域的最新成果，《选择法院协议公约》和《海牙判决公约》能否提升跨国判决的可执行性从而冲击国际商事仲裁可执行性优势的问题值得讨论：一方面，有利于重新反思仲裁之于诉讼的价值和优

① See Trevor Hartley & Masato Dogauchi, Explanatory Report of the 2005 Hague Convention on Choice of Court Agreements, para.183, at https://assets.hcch.net/upload/expl37final.pdf (Last visited on July 10, 2021).

② 参见杜涛：《中国批准海牙〈选择法院协议公约〉的法律问题及对策》，载《武汉大学学报（哲学社会科学版）》2016年第4期，第91页。

势，为当事人选择国际民商事争议解决方式提供借鉴意义；另一方面，倘若两个海牙公约能实现判决的流通目的，这将倒逼仲裁制度进行自我革新和完善，以获得新的竞争优势。通过对《选择法院协议公约》《海牙判决公约》《纽约公约》进行规则比较，对三者的现实批准情况进行分析，本文发现：（1）两大海牙公约在规则上尝试提升跨国判决的可执行性，但是在一些关键条款中却减损了这种可执行性或公约目的强调的确定性和统一性；（2）现状上，主要贸易大国对于海牙公约的签署和批准仍持观望和谨慎态度。海牙公约规则上的缺憾以及公约现实批准状况的不乐观昭示两个公约难以对国际商事仲裁的国际可执行性优势产生冲击。产生这一结果的根本原因在于诉讼和仲裁制度自身性质的不同：实际上，三个公约都是妥协的产物，然而《纽约公约》中即便存在诸多模糊的因素，但是这些模糊的概念不仅未被各国排斥，甚至还被各国法院进行解释以“支持执行”，即形成了一种“富有创造力的模糊性”，这被看来是一种“支持仲裁”的政策。归根结底，诉讼公的属性和仲裁私的属性造成了公约效果和受欢迎程度的差异。

论临时仲裁制度构建中的仲裁员选任

——以自贸区仲裁制度改革为前瞻

徐钱燕飞 *

● **摘　要**

《仲裁法》在临时仲裁制度上的空白是当前修法面临的重要问题之一，其中仲裁员的选任更是临时仲裁的核心问题。《仲裁法》中强制性仲裁员任职标准存在价值偏离，仲裁机构长期主导下的仲裁制度出现过度依赖仲裁机构的倾向，而司法监督则呈现监督方式不足与监督限度过度的双重困境。对此，应当在立法层面贯彻仲裁意思自治，重构仲裁机构管理机制。通过以司法监督为主体的多元化监督体系的建立推动仲裁行业的自治与自律，为临时仲裁的引入奠定基础。

● **关键词**

临时仲裁　仲裁员选任　《仲裁法》　自贸区

Abstract: One of the important issues facing the current revision of the Arbitration Law is the lack of ad hoc arbitration in the Arbitration Law, among which the selection of arbitrators is the core. The value of mandatory arbitrator appointment criteria has deviated in the Arbitration

---

* 徐钱燕飞，华东政法大学国际法学院硕士研究生，感谢冯硕师兄的悉心指导与修改意见。

Law, and the arbitration system, which has been dominated by institutional arbitration for a long time, tends to be overly dependent on arbitration institutions, while judicial supervision has presented a double dilemma of insufficient supervision methods and excessive supervision limits. In this regard, it is necessary to implement party autonomy at the legislative level and reconstruct the management mechanism of arbitration institutions. The establishment of a diversified monitoring system with judicial supervision as the mainstay should promote the self-governance and self-regulation of the arbitration industry and lay the foundation for the introduction of ad hoc arbitration.

Key Words: ad hoc arbitration, selection of arbitrators, the Arbitration Law, free trade zones

一、引言

临时仲裁与机构仲裁是世界上两种主要仲裁形式，前者强调当事人的自主性，具有灵活、高效、经济等优点，后者则更具稳定性、规范性和明确性，一方的优势往往为另一方的劣势。[①]目前，世界上大多数国家采用两种仲裁形式双轨并行的制度，以实现两者之间的优势互补，但我国长期以来仅承认机构仲裁的合法性。2016 年最高人民法院发布《关于为自由贸易试验区建设提供司法保障的意见》(以下简称《保障意见》)，其中提到允许“三个特定”仲裁，[②]由于未将仲裁机构作为仲裁协议有效的强制性要求，被视作为临时仲裁的存在提供了空间。《保障意见》并非立法文件，无法突破现行《仲裁法》第 16 条将仲裁委员会作为有效仲裁协议必备要素的规定。但是出于建立国际化、便利化和法治化的争端解决机制的需要，临时仲裁制度的引入已成趋势。2020 年 8 月 31 日，深圳市人大常委会公布了《深圳国际仲裁院条例》(以下

① 参见康明:《临时仲裁及其在我国的现状和发展前景》，载《国际商法论丛》2001 年第 3 卷。

② 根据《最高人民法院关于为自由贸易试验区建设提供司法保障的意见》第 9 条的规定，在自贸试验区内注册的企业相互之间约定在内地特定地点、按照特定仲裁规则、由特定人员对有关争议进行仲裁的，可以认定该仲裁协议有效。

简称《深国仲条例》)，其中第25条明确了允许“三个特定”仲裁在深圳经济特区内开展，进一步突破了原先限定于自贸区的地域限制，并首次在立法层面显示出地方立法对临时仲裁有限放松的和缓态度。

“仲裁的好坏取决于仲裁员的好坏”，[①] 高素质仲裁员在仲裁中发挥着核心作用。由于我国现行仲裁立法仍以机构仲裁为唯一仲裁形式，其在仲裁员选任方面也是如此，凸显出临时仲裁在制度构建过程中与仲裁法在仲裁员资格条件、选任方式、监督限度等问题上产生冲突与矛盾，使其在实践上存在合法性难题。临时仲裁制度在赋予当事人最大限度的自治权的同时，也对选任仲裁员的制度设计提出较高要求。笔者以为，临时仲裁引入时的现实困境实际上反映了我国仲裁员选任制度长期在机构仲裁一元制发展下所产生的问题。在《仲裁法》修订的大背景下，应在与境外临时仲裁选任的制度比较中，厘清仲裁员选任制度的现实困境以及背后的原因。在明确原因的基础上探寻解决措施，助力临时仲裁在我国的引入，推动我国仲裁制度的完善与成熟。

二、我国临时仲裁仲裁员选任的现实困境

（一）法律理性主义下的价值偏离

我国仲裁制度的发展离不开立法与行政机关的大力支持，尤其是《仲裁法》自1995年实施以来，我国仲裁便走上了发展的快车道。不可否认，我国的仲裁制度是借助《仲裁法》的自上而下推进的，凸显了法律理性主义对制度构建的影响，因而不同于西方仲裁从临时到机构的发展历程。

1. 临时仲裁的发展历程

仲裁起源于商人为解决日益复杂的商事纠纷而共同约请信赖、熟悉情况的第三者居中裁决的习惯。[②] 临时仲裁是仲裁的最初阶段，也是自仲裁出现以来很长时间内仲裁的唯一形式。与法律的历史不同，仲裁制度在发展过程中并未制定任何实质性规则，而是根据某些群体的道德或商业惯例作出自由裁决，并不是既定的规则和学说。[③] 由于商事争议的复杂性与专业性，商人们认识到

---

① 参见傅攀峰：《单边仲裁员委任机制的道德困境及其突围》，载《当代法学》2017年第3期。

② 参见黄进主编：《仲裁法学》，中国政法大学出版社2002年版，第15页。

③ Wolaver, Earl S., “The Historical Background of Commercial Arbitration”, 83 *University of Pennsylvania Law Review and American Law Register*, 132 (1934).

这一在法律之外的争议解决方法的价值，并更推崇根据“商人法”而非普通法实现正义。[①] 因此，只有在争议所涉及领域具有长期经验的专业人士，才具备运用商人法做出令双方信服的裁决的能力。临时仲裁允许当事人自由选择争议解决的裁判者，契合了商人解决争议的需求和商业发展的需要。[②]

17 世纪以来，西方各国开始进行仲裁立法，实现私人仲裁的法定化。这个过程实际上体现了西方“法律理性化”进程，即向着形式理性方向发展，具有较高的规范性。仲裁在被国家承认后，由于其裁决具有强制执行性，各国在不同方面施加了对其的监督与控制。而在仲裁员资格问题上却不约而同地采纳了宽松的仲裁员准入门槛，反映了各国对仲裁员专业性的尊重。专业性并非一个可量化的概念，法律不可能针对每一类型的商业纠纷规定相应的仲裁员资格标准，现实中也不存在可以适用于所有纠纷类型的专业资格标准。

人趋利避害的本性是最好的专业性标尺。美国、英国、瑞士、新加坡和中国香港等地均未对仲裁员资格进行规定，大部分国家和地区仅就仲裁员的最低资格条件进行了限制，如需具备完全民事行为能力、不存在经济犯罪前科等。在少数规定了仲裁员专业性要求的国家中，主要是对仲裁员的法律背景有所要求。受历史传统的影响，临时仲裁仍占据各国立法的主体地位，宽松的仲裁员资格条件也是体现临时仲裁的个性化元素之一。[③] 大部分国家和地区将对仲裁员专业性资格进行约定的权利最大限度地赋予当事人手中，[④] 从而确保当事人在不同的争议领域都能选到合适的熟悉该领域的仲裁员。

2. 自上而下的我国仲裁制度发展

《仲裁法》的出台，标志着我国仲裁制度的建立。我国现代仲裁制度以机

---

① Wolaver, Earl S., “The Historical Background of Commercial Arbitration”, 83*University of Pennsylvania Law Review and American Law Register*, 132(1934).

② 参见［丹麦］麦卡锡·林登著:《仲裁的起源及其意义》，周园译，载《中国国际私法与比较法年刊》2013 年第 16 卷。

③ 参见李建忠:《临时仲裁的中国尝试：制度困境与现实路径——以中国自贸试验区为视角》，载《法治研究》2020 年第 2 期。

④ 例如，英国 1996 年《仲裁法》第 19 条规定：法院在行使或考虑行使第 16 章（选任仲裁员程序）或第 18 章（选任程序未进行）项下的任何权力时，必须充分尊重当事人约定的仲裁员资格条件。中国香港、新加坡也有类似规定，参见《香港仲裁条例》第 24 条，《新加坡国内仲裁法》第 13 条第 6 款。

构仲裁为核心，由国家支持地方成立仲裁委员会来促进仲裁的发展，属于“自上而下”的发展模式，缺乏对临时仲裁的关照，使得《仲裁法》在制定过程中产生了仲裁员专业性价值偏移的问题。

现行《仲裁法》出于保证高素质仲裁员作出高质量裁决与增强法院与公众对仲裁的信心等目的，[①]对仲裁员资格进行了严格限制。根据《仲裁法》第13条的规定，“仲裁员应当符合下列条件之一：（一）通过国家统一法律职业资格考试取得法律职业资格，从事仲裁工作满八年的；（二）从事律师工作满八年的；（三）曾任法官满八年的；（四）从事法律研究、教学工作并具有高级职称的；（五）具有法律知识、从事经济贸易等专业工作并具有高级职称或者具有同等专业水平的”。如此严格的规定极大地提高了仲裁员的门槛，看似为仲裁员的专业性提供了保障。但如此规定能否符合实践中商事争议对仲裁专业性的要求值得商榷。

由于缺乏临时仲裁生长的土壤，仲裁法关于仲裁员资格的限定条件并未考虑到当事人意思自治对于专业性的意义，而是从立法者角度出发，试图规定一个客观的、具有可预测性的专业条件，从而实现对仲裁员资格的监督与控制。《仲裁法》中“8年”时间限制无法证明其合理性，正如同无法证明现实中执业7年的律师与8年律师的专业水平高低。这一规定在片面追求仲裁员专业素养的规范化过程中，忽略了商业交易的复杂性和人的能动性需求。

目前我国临时仲裁的规范性文件均未突破《仲裁法》的限制，如《深国仲条例》第24条第2款规定：“当事人约定的仲裁庭组成人员在仲裁员名册之外的，由仲裁院确认其符合仲裁员资格后，可以担任本案仲裁员。”这意味着临时仲裁的仲裁员资格也应当受《仲裁法》限制。《横琴自由贸易试验区临时仲裁规则》（以下简称《横琴规则》）更直接地指出：“选定或指定的仲裁员应当符合我国《仲裁法》规定的仲裁员条件。”

从临时仲裁引入的角度而言，能够自由选择解决争议的裁判者是当事人选择仲裁的原因之一，如此严格的仲裁员资格法定限制条件实际上与推崇当事人意思自治的临时仲裁存在冲突。通常选择临时仲裁的当事人追求争议的高效快速解决并渴望一个“量体裁衣”般的仲裁过程，首先考虑的便是选择自己心仪的仲裁员。而《仲裁法》对仲裁员资格条件的严格规定缩小了当事

① 参见马占军：《我国商事仲裁员任职资格制度的修改与完善》，载《河北法学》2015年第7期。

人可以选择的仲裁员范围，限制了当事人在仲裁员选择上的自由，同时也将一些行业排除在仲裁范围之外。此外，从仲裁实践的角度来看，在缺乏仲裁机构介入的情况下，临时仲裁的仲裁员资格是否符合《仲裁法》的要求由谁审核，以及具体审核程序也将成为一大难题。

（二）仲裁机构主义下的制度惯性

仲裁机构作为仲裁员与当事人之间的桥梁和纽带，本应居于相对次要的地位。但《仲裁法》中仲裁机构贯穿仲裁的全过程，当事人习惯于仲裁机构在仲裁员选任过程中担任的主导性角色而无形中减损了意思自治精神。当当事人形成依赖仲裁机构的惯性后，面对临时仲裁去机构化的设计往往束手无策，而临时仲裁最根本的优势——当事人意思自治的充分尊重，反而将成为当事人拒绝适用临时仲裁的理由，为临时仲裁的成功引入埋下隐患。

1. 仲裁员名册引发当事人选任困难

仲裁员名册的实施是仲裁机构主义的表现形式之一，目前当事人在选择仲裁员时严重依赖仲裁机构提供的仲裁员名册以及仲裁机构的指引，导致当事人逐渐失去了自主选择仲裁员的能力，临时仲裁的优势无从发挥，成为其进入我国的巨大障碍。临时仲裁在最大限度地尊重当事人的意思自治的同时，也对当事人提出一定要求。由于缺乏仲裁机构的存在，仲裁员在临时仲裁中扮演的角色更为关键，因此仲裁员的选择至关重要。但我国当事人和他们的律师缺乏选择适当的仲裁员的能力，长期局限于仲裁员名册，甚至依赖于仲裁机构的指定。在全球化的时代背景下，跨国争议的发生司空见惯，国际商事仲裁作为常见的争议解决机制，我国当事人如若缺乏自主选择仲裁员的经验，将导致意思自治的价值落空，在仲裁伊始便处于不利地位。

首先，《仲裁法》决定了仲裁员名册的封闭性，开放仲裁员名册制度暂时无法全面推行。《仲裁法》第 11 条规定仲裁委员会必须“有聘任的仲裁员”，同时第 13 条规定应设置仲裁员名册，且根据改革前各仲裁机构的仲裁规则来看，当事人仅能选择仲裁员名册中的仲裁员。封闭仲裁员名册制度进一步限缩了当事人意思自治的范围，使仲裁机构的意志对当事人自治精神的隐性压抑。[①]

近年来，我国已经引入开放仲裁员名册制，试图实现当事人的充分自治

---

① 参见汪祖兴:《当事人共任仲裁员不能之救济实践及完善》，载《中国法学》2012 年第 5 期。

以及增强当事人对仲裁的信赖。尽管部分仲裁机构已经修改仲裁规则以适应更为灵活的开放名册制，但开放仲裁员名册制与《仲裁法》之间存在较多衔接问题。例如，出于合法性的考虑，各大仲裁机构在设计相关规则时均要求仲裁机构对名册外仲裁员进行确认。[①]仲裁员资格的审查加之仲裁委员会繁杂的聘任程序将极大增加当事人的时间成本与效益成本，当事人很可能直接放弃从名册外选任仲裁员，导致仲裁员开放名册形同虚设。此外，部分仲裁机构要求当事人提供仲裁员的个人信息，以便进行资格审查。[②]当事人获取信息的过程与仲裁员的独立性与公正性之间存在一定矛盾，容易引发仲裁员独立性危机。

其次，各机构提供的仲裁员名册一般提供仲裁员的姓名、国籍、专业领域与居住地等基本信息，其中对于专长的描述通常十分简略。当事人难以通过如此简单的信息了解仲裁员并作出选任，最终导致依靠仲裁机构选任仲裁员。

境外仲裁机构一般不设仲裁员名册，即使存在名册，其性质也大多为推荐性，并不强制当事人在其中选任仲裁员。而临时仲裁中，由于根本不存在仲裁机构，当事人往往独立选任仲裁员。此外，配备仲裁员名册或类似数据库的境外仲裁机构提供的仲裁员信息详细且范围广泛。LCIA、HKIAC 与 SIAC 提供的备选仲裁员信息库允许当事人下载库内仲裁员简历，涵盖包括教育背景、职业会员资格、当下职位、专业及仲裁经历、出版物等内容，以供当事人参考。

由于制度惯性的影响，我国目前有限的临时仲裁规则也呈现出过度依赖仲裁机构的思维定式。《横琴规则》第 21 条中规定“珠海仲裁委员会（或由珠海仲裁委员会授权珠海国际仲裁院）作为指定仲裁员机构的，应当在珠海仲裁委员会《仲裁员名册》中指定仲裁员”。这一规定将临时仲裁中默认的仲

① 确认主体主要分为两类：一是由仲裁委员会主任依法确认，参见《中国国际经济贸易仲裁委员会仲裁规则》第 76 条，《上海仲裁委员会仲裁规则》第 78 条，《中国海事仲裁委员会仲裁规则》第 30 条；二是由仲裁委员会确认，参见《北京仲裁委员会仲裁规则》第 64 条，《武汉仲裁委员会仲裁规则》第 77 条，《海南国际仲裁院仲裁规则》第 23 条，《重庆仲裁委员会仲裁规则》第 28 条，《深圳国际仲裁院仲裁规则》第 28 条。

② 参见《中国（上海）自由贸易试验区仲裁规则》第 28 条，《上海仲裁委员会仲裁规则》第 78 条、第 79 条，《广州仲裁委员会仲裁规则》第 6 条。

裁员指定机构选任范围也限制在了仲裁员名册之中，无疑自缚手脚，不仅引发该规定地域局限性的质疑，[①] 还有违临时仲裁“量体裁衣”的优势。

2. 选任规则僵化加剧仲裁机构主义

《仲裁法》中仲裁机构的作用贯穿始终，且仲裁员选任规则过于简单与僵化，将进一步扩大仲裁机构的权力，从而导致临时仲裁引入时的衔接困难。

一方面，仲裁机构在仲裁员的选任过程中发挥不可或缺的关键作用，导致法定选任规则无法适用于临时仲裁。根据《仲裁法》第 32 条的规定，当事人没有在仲裁规则规定的期限内约定仲裁庭的组成方式或者选定仲裁员的，由仲裁委员会主任指定。该条将仲裁委员会主任确定为当事人无法选任仲裁员时的选任主体，并且并未规定具体选任规则和条件，这意味着赋予了仲裁机构极大的自由裁量权。仲裁机构不仅得以确定仲裁员的最终人选，还可以采用任何方法进行选任，无形中强化仲裁机构对于仲裁庭的控制。虽然在实践中大部分仲裁机构都在尊重当事人意思自治的基础上采纳了名单法等确定方式，但是仍然难以避免机构径自选定不恰当仲裁员的情况。在临时仲裁的语境下由于仲裁机构的缺席，该条款无法适用。

另一方面，仲裁机构也是仲裁员缺乏独立性、公正性或选任错误时的申诉主体，引发临时仲裁中当事人救济不能的情形。《仲裁法》第 36 条将仲裁员是否回避的决定权交给仲裁委员会主任，此外《仲裁法》中也未赋予了当事人面对机构选任错误或不公正情况下的司法救济措施，当事人仅能根据“仲裁庭的组成或者仲裁的程序违反法定程序”这一理由申请撤销仲裁裁决而无法及时更换仲裁员。但是由于此时仲裁裁决已经作出，将严重影响仲裁的效率和当事人权利的及时实现。

反观境外仲裁制度，大部分域外仲裁法律都呈现临时仲裁为主体、机构仲裁为例外的特征，仅在部分条文中融入了仲裁机构的特殊元素。[②] 因此域外仲裁机构的辅助性特征明显，当事人处于主导地位。境外仲裁立法允许当事人

---

① 参见孙巍：《中国临时仲裁的最新发展及制度完善建议——〈最高人民法院关于为自由贸易试验区建设提供司法保障的意见〉与〈横琴自由贸易试验区临时仲裁规则〉解读》，载北京仲裁委员会 / 北京国际仲裁中心组编：《北京仲裁》2017 年第 3 辑，中国法制出版社 2017 年版。

② 参见李建忠：《临时仲裁的中国尝试：制度困境与现实路径——以中国自贸试验区为视角》，载《法治研究》2020 年第 2 期。

自由约定选任仲裁员的规则，以及在无法达成选任仲裁员合意的情形下选择法院、仲裁机构以及其他机构或个人担任指定机构职责选择仲裁员，从而为临时仲裁的顺利开展保驾护航。默认的指定机构因不同国家政策利益衡量的不同，而在法院和仲裁机构中产生。以仲裁机构为默认指定机构的国家，也对临时仲裁中仲裁机构指定仲裁员的权力进行监督。

通过对比可知，我国仲裁机构化的倾向会影响当事人意思自治在仲裁中的发挥，临时仲裁制度的缺失成为涉外仲裁效率提升的瓶颈，[①]引入临时仲裁制度将为我国现行仲裁体制注入新的活力。因此，应及时转变当事人过分依赖仲裁机构的态度与倾向，使其重视意思自治在仲裁中的中心定位。

（三）司法家父主义下的责任落空

仲裁员在临时仲裁中具有独特价值，在不存在仲裁机构介入的情况下，仲裁员在仲裁庭组成后对仲裁程序中众多事项享有决定权，临时仲裁程序往往在仲裁庭的主导下进行。因此，为防止仲裁员滥用权力，仲裁员的监督与责任问题成为临时仲裁中的重要议题。法律家父主义是指法律为了当事人利益而不顾其意志行事乃至限制其自由的一种干预模式。[②]在对仲裁的监督过程中，法院之于仲裁员的角色也体现出家父主义色彩，一方面过度保护当事人的利益而损害了其一定的自由；另一方面选用其认为合适的监督方式，然而监督方式过于单一，未能满足实践中的监督需求，从而导致监督失效、责任落空。

1. 监督理念的错位

世界上大多数国家为体现其支持仲裁的态度，均规定不能对仲裁实体问题进行审查。《仲裁法》中虽然规定对涉外和国际仲裁裁决不能进行实质性审查，然而现行刑法中却设置了枉法仲裁罪，其认定需要对仲裁裁决进行实质性审查，以确定仲裁员是否在仲裁活动中故意违背事实和法律作出枉法裁决。这实际上内含了法院将自身对公正性的标准强加于仲裁之上的问题。仲裁与司法虽然同为争议解决机制，但是两者定位并不相同，所追求的“公正”也存在一定差别。仲裁所追求的目标并非完全的正义，事实上因为需要构建一

---

① 参见汪祖兴：《效率本位与本位回归——论我国仲裁法的效率之维》，载《中国法学》2005年第4期。

② 参见黄文艺：《作为一种法律干预模式的家长主义》，载《法学研究》2010年第5期。

项可靠而又迅速的解决机制，该目标被刻意牺牲了。[①]

从仲裁发展的历史来看，商人选择仲裁的原因之一是出于对结果妥当性的要求，只有依据符合商业规律的规则作出符合商业规律的裁判才会产生商人利益最大化的效果，也才是商业正义的实现。[②]虽然现在的法律对于商业实践与规则有了一定的考虑与认识，但是法律的滞后性仍然无法适应快速变化的商业实践。同理，具有专业性的仲裁员与法官由于分析角度、知识储备等不同对于同一事实的认定也会存在差别。从当事人意思自治的角度来看，当事人选择合适的仲裁员，并同意将产生的争议由仲裁员解决，即视为接受仲裁员作出的裁决结果。其中暗含的事实认定、法律适用偏差风险需要由当事人自己承担。

因此，将仲裁裁决置于法院之下进行法律和事实审查本身，并以此施加对仲裁员的刑事责任，不仅牺牲了仲裁赖以生存的、区别于法院的商业正义的实现，还是对仲裁中当事人意思自治价值的罔顾而并非对其的保护。面对潜在的刑事指控，仲裁员可能在压力下无法作出适当的裁决，也存在仲裁员因案件可能带来的刑事责任而拒绝仲裁的可能性。

2. 监督方式的不适

以机构仲裁为核心构建的司法监督体系在面对临时仲裁时产生适配性问题，监督方式往往与仲裁机构关联且主要为事后监督，从而导致选任过程中监督不足。

首先，《仲裁法》中未赋予当事人在仲裁员选任过程中的专门司法救济措施，除向仲裁机构提出回避申请并由仲裁机构作出决定外，当事人可根据《仲裁法》第 58 条中“仲裁庭的组成或者仲裁的程序违反法定程序”或“仲裁员在仲裁该案时有索贿受贿，徇私舞弊，枉法裁决行为”等理由申请法院审查仲裁员选任过程与相关行为，并以撤销仲裁裁决作为事后救济方式。撤销或不予执行仲裁裁决制度并不能发挥较大的监督仲裁员的作用。法院对于仲裁员行为的认定建立在确有相关判决或官方文件的基础之上，对当事人的证明责任要求较高。再者而言，该监督途径最终的救济方式为撤销仲裁裁决，对

① See Stephen Wills Murphy, “Judicial Review of Arbitration Awards Under State Law”, 96 *Virginia Law Review*, 887-937 (2010).

② 参见林一:《国际商事仲裁意思自治原则论纲》，华东政法大学 2015 年博士学位论文，第 59 页。

当事人而言并非理想的救济方式，因为重新仲裁意味着费用的增加。[①]

其次，在撤销仲裁裁决时可适用的重新仲裁制度，体现了立法支持仲裁的态度，但是由于临时仲裁下仲裁庭在作出裁决后即告解散，重新仲裁难度更大。

最后，仲裁员责任问题在仲裁庭解散后仲裁员即各奔东西、缺乏机构管理的临时仲裁而言更为重要。然而，我国并未建立完整的仲裁员责任制度。目前规范仲裁员法律责任的法律条款为《仲裁法》第38条中"仲裁委员会应当将其除名"的纪律责任和前述刑法中规定的"枉法仲裁罪"的刑事责任，并未明确规定民事责任。前者仍然默认仲裁机构在仲裁中的核心地位，临时仲裁脱离机构管理，其仲裁员也并不一定为仲裁机构中的注册仲裁员，因此这一责任同样落空。

可惜的是，临时仲裁相关规则均未对司法监督进行具体规定或变通处理，实践中无法对临时仲裁进行合理而有效的司法监督。以上困境不仅反映出现行法律与临时仲裁制度之间需要进一步衔接，更反映出在仲裁机构缺位的情况下法院的监督困境。

三、临时仲裁仲裁员选任的应然向度

当前，《仲裁法》的修订工作也被第十三届全国人大常委会纳入立法规划。[②] 在该背景下，立法、行政以及司法机关应当就这些问题的解决厘清自身定位并采取具有针对性措施，构建完善的仲裁员选任制度，为临时仲裁的引入奠定基础。

（一）重塑意思自治的核心价值

意思自治作为仲裁的制度基石，其在临时仲裁中的首要体现便是当事人有权选择自己信任的仲裁员作为争议的裁判者。随着国际商事仲裁的发展，意思自治呈现出"国际化"和"商事化"的扩展趋势，一定程度上实现了在本位价值上内涵的扩展。[③] 因此，立法机关在制定临时仲裁仲裁员选任规范的同

---

① See Cameron L. Sabin, "The Adjudicatory Boat Without a Keel: Private Arbitration and the Need for Public Oversight of Arbitrators", 87 Iowa L. Rev. 1348 (2002).

② 《十三届全国人大常委会立法规划》，载全国人大网，http://www.npc.gov.cn/npc/xinwen/2018-09/10/content_2061041.htm，最后访问时间：2019年4月2日。

③ 参见刘晓红、冯硕：《论国际商事仲裁中机构管理权与意思自治的冲突与协调》，载《上海政法学院学报》2018年第5期。

时应当考虑意思自治的商业性与国际性，重塑意思自治的核心价值。

一方面，商业性要求意思自治尊重发展中的商业需求。第一，商业纠纷的复杂性和专业性要求立法允许当事人选择心仪的、专业能力强的仲裁员解决纠纷。因此，立法不应在事前设立较为严苛的仲裁员资格条件限制当事人意思自治的范围，从而导致临时仲裁丧失其独特价值，商人在无法实现自身商业利益最大化的时候也会转而选择其他 ADR 解决纠纷。而对于仲裁员公正性和独立性的要求，可以通过增强监督和施加责任来实现。事实上，《仲裁法》"三八两高"的规定只重视仲裁员的法律背景，而忽视仲裁员的其他条件，与高素质仲裁员之间并无必然联系。在这一问题上，应当信任当事人作为理性经济人，会自然选择对纠纷解决最为有利的仲裁员，包括对其专业知识、法律素养等要求。第二，由于商业的复杂性，越来越多的商事纠纷可能涉及多方合意的达成，意味着完全的意思自治不仅难度较高，且可能牺牲效率。临时仲裁在追求当事人意思自治最大化的同时，依赖当事人之间的信任与合作，由于缺乏仲裁机构介入，若当事人未能就仲裁庭的组成达成合意，便意味着临时仲裁陷入僵局。因此，完全依赖当事人自行选定仲裁员是理想的情形，但出于对意思自治的弥补，立法应当制定相关"候补"规则，在当事人未能就仲裁员选任作出决定的一定期限内由仲裁机构或法院作为指定机构进行仲裁员的选任。同时，允许当事人选择仲裁机构、法院以及个人作为仲裁员的指定机构，从而最大限度地避免当事人自己选择仲裁员的低效以及仲裁庭难以组成的僵局发生，保证临时仲裁的顺利进行。

另一方面，国际化的趋势要求赋予临时仲裁中的意思自治更丰富的内涵。随着全球化的发展，跨国争议的发生更为频繁，仲裁的国际性也更为凸显。① 面对跨国争议，当事人不仅有权利决定他们受哪个法域法律的约束，也有权利决定他们不受哪个法域法律的约束；当事人有权利决定他们是依照国家法提供的制度规则保障或实现自己的权利，还是依照自己的或者自己所属的共同体的习惯和规则保障或实践自己的权利。② 具体到临时仲裁仲裁员选任问题上，当事人有权选择法律或仲裁机构提供的仲裁员选任规范，也有权适用自身

① 参见冯硕：《境外仲裁机构内地仲裁的政策动因与法治保障》，载《商事仲裁与调解》2021 年第 1 期。

② 参见林一：《国际商事仲裁意思自治原则论纲》，华东政法大学 2015 年博士学位论文，第 187 页。

制定的仲裁员选任规则。立法机关对于意思自治的保护不仅体现在形式上赋予当事人自由选择的权利，更要从根本上保障当事人选择权利能够得到顺利实现。

首先,《仲裁法》并未明确规定当事人有权选择境内外的仲裁规则，而《深国仲条例》在这方面做出了显著的进步。其第20条明确指出“境内外当事人可以约定选择适用仲裁院仲裁规则、境内外其他仲裁机构的仲裁规则或者联合国国际贸易法委员会仲裁规则，可以约定对仲裁院仲裁规则有关内容进行变更，也可以约定适用法律、组庭方式、庭审方式、证据规则、仲裁语言、开庭地或者仲裁地”。从根本上肯定了当事人在选择仲裁规则上的权利，也弱化了仲裁机构的作用，为临时仲裁的引入奠定了良好的基础。①

其次，出于效率的考虑，当事人往往不会自行制定仲裁员选任规则，而是通过选择现存规则来实现意思自治。因此，完备的临时仲裁规则是仲裁员成功选任的前提。目前，我国境内仲裁机构基本没有相应的临时仲裁规则,《横琴规则》《中国互联网仲裁联盟临时仲裁与机构仲裁对接规则》在仲裁员选任问题上具有一定局限性。而非本土的临时仲裁规则由于与我国仲裁制度有所出入，适用时存在较多不便利的地方，如指定机构通常为外国仲裁机构，而这样的规定在我国本土仲裁案件中或多或少会带来一些困难。② 由此可见，境内仲裁机构应尽快出台配套的临时仲裁规则，以保证当事人的意思自治的顺利实现。

（二）公正和效率平衡中的机构管理机制革新

临时仲裁与机构仲裁并非两个相互排斥的概念，目前在全球范围内已经出现了仲裁机构化的倾向，越来越多的国家与地区将临时仲裁与机构仲裁相结合，使仲裁机构在临时仲裁语境下发挥行政管理功能。例如，新加坡等地默认由仲裁机构发挥指定仲裁员默认机构的作用，从而实现两者优势的互补。由于我国长期实行单一仲裁模式，临时仲裁在引入初期依靠仲裁机构这一路

① 参见刘晓红、周祺:《我国建立临时仲裁利弊分析和时机选择》，载《南京社会科学》2012年第9期。

② 参见孙巍:《中国临时仲裁的最新发展及制度完善建议——〈最高人民法院关于为自由贸易试验区建设提供司法保障的意见〉与〈横琴自由贸易试验区临时仲裁规则〉解读》，载北京仲裁委员会/北京国际仲裁中心组编:《北京仲裁》2017年第3期，中国法制出版社2017年版。

径对于仲裁制度转型期的我国而言有着重要意义。因此，仲裁机构在临时仲裁仲裁员选任过程中仍处于重要位置，亟须对其管理机制进行革新。

首先，应重构仲裁机构的社会属性，以实现效率在仲裁管理机制中的区分价值。仲裁的价值目标无疑是应当权衡公正和效率。[①] 我国仲裁体制发展初期，是由行政机关主导、自上而下地推进形成的。行政主导的框架在早期对仲裁发展具有积极推进作用，然而在机构仲裁体制大体建立、临时仲裁亟须引入的背景下，仲裁机构需要回归其作为民间裁判机构的本位。在效率价值取向下，行政机关的对仲裁机构的管理应当限定在必要的范围内，否则便有过度控制而影响效率的嫌疑。

从我国目前的仲裁机构管理制度来看，行政机关对于仲裁员的管理一直较为严格，甚至呈现逐渐紧缩的趋势。除了将仲裁员名册和专业资质证书等文件作为仲裁委员会申请设立登记的材料，《仲裁委员会登记管理办法（征求意见稿）》还规定登记管理机关应当将仲裁登记相关材料报国务院司法行政部门进行备案审查。行政机关对于仲裁员资质的审查虽然可以检查仲裁员是否在表面上符合《仲裁法》“三八两高”的规定，但是在其已经接受登记机关审查后，该规定实际上并无必要。

这一规定实际上只是目前行政对仲裁管理体制的一个缩影，应当从根本上实现仲裁机构的去行政化，重构仲裁机构的社会属性，使其能够在自身的理性与自律中发展与成熟。逐步弱化行政机关对仲裁的控制，并不意味着仲裁机构不需要监管，而是强调行政内化的实现，即强化仲裁机构内部自身的行政管理，[②] 从而借助仲裁机构内部的行政管理实现效率的提高。

其次，仲裁机构应重新定位，作为仲裁员选任过程中的辅助机关，尊重当事人合意的同时兼顾效率与公平。一方面，仲裁机构应当尊重当事人的意思自治，允许当事人选择名册之外的仲裁员人选以及自由约定仲裁员选任规则与方式。通过赋予当事人足够的参与空间，可以拉近商事仲裁与其无数使用者之间的距离，亦即增强仲裁的“感知合法性”。[③] 但是，开放仲裁员名册并

---

① 参见刘晓红、冯硕：《改革开放40年来中国涉外仲裁法律制度发展的历程、理念与方向》，载《国际法研究》2019年第6期。

② 参见汪祖兴：《仲裁机构民间化的境遇及改革要略》，载《法学研究》2010年第1期。

③ 参见傅攀峰：《单边仲裁员委任机制的道德困境及其突围——以Paulsson的提议为核心》，载《当代法学》2017年第3期。

不意味着放松对仲裁员的管理与监督。以 HKIAC 为例，虽然当事人可以选择仲裁员名册之外的人选，但是仲裁机构需要对所选仲裁员进行资格确认，审查其国籍、是否符合仲裁协议约定的资格条件等。同时仲裁员在接受任命时须发布独立性声明，披露可能影响其独立性的事项，当事人则有权申请回避。①

此外，仲裁机构应加强对名册内仲裁员的日常监督与管理，对仲裁员提出专业发展要求并出台相应道德行为规范，并对严重违反仲裁员责任的仲裁员进行除名处分。LCIA 采取间接监督的形式，在官方网站开放“回避决定”数据库，公开仲裁员被申请回避的次数及具体情形，当事人可以通过查询相关数据了解仲裁员的行为规范，从而利用行业声誉、社会舆论实现对仲裁员的监督。可见通过配套的监督机制，在扩大当事人意思自治范围的同时可以兼顾公正与效率的平衡。

另一方面，仲裁机构可以发挥机构优势，为临时仲裁保驾护航，从而提升效率。境外不少仲裁机构为临时仲裁提供辅助性服务，仲裁机构在临时仲裁中最大功能就是委任仲裁员，提供仲裁员名册供当事人选用。此外，仲裁机构在支付额外费用的情况下，也为临时仲裁提供设施和服务。第一，要推广相关仲裁规则的经验，逐步开放仲裁员名册。② 第二，开放仲裁员名册意味着存在对立关系的双方当事人共任仲裁员更加困难。因此，仲裁机构除了提供较为详尽的仲裁员信息以供当事人参考，还可以在当事人合意选择的情况下代为委任仲裁员，以推进仲裁顺利开展。

（三）司法监督中的多元责任体系构建

由于仲裁委员会的存在，法院权力的不完善在机构仲裁下尚不明显。但是，建立临时仲裁制度需要完善的司法救济程序，来保证仲裁程序的顺利进行。③ 同时，对公正的追求并不意味着将监督途径局限于国家体制内。事实上，在仲裁已经成为各国竞争的一大市场的背景下，行业自治已经成为仲裁监督的主要渠道之一。以司法监督为主体、多元化的责任体系的建立将有助于临

① 参见冯硕：《论第三方解决国际经贸争端的嬗变与重塑——基于贸易与投资争端解决机制的综合考察》，载《甘肃政法大学学报》2021 年第 1 期。

② 参见刘晓红、冯硕：《制度型开放背景下境外仲裁机构内地仲裁的改革因应》，载《法学评论》2020 年第 3 期。

③ 参见初北平、史强：《自由贸易试验区临时仲裁制度构建路径》，载《社会科学》2019 年第 1 期。

时仲裁的引入，促进我国仲裁市场的发展与成熟。

一方面，要完善以司法监督为主体的监督体系，转变监督理念。司法监督应转向仲裁员行为监督，发挥终局作用。目前针对仲裁员的监督体系主要体现为通过仲裁裁决审查而间接对仲裁员进行监督，缺少对仲裁员行为的直接关注。仲裁裁决的终局性与强制执行性表明国家将司法裁决的权力在一定程度上向仲裁的移转，因而注重对仲裁裁决的司法监督是必要也是必然的。但是，仲裁的民间性及其商业性决定了监督方式也应当符合效率的要求，赋予当事人在仲裁员选任阶段一定司法救济权利以更换仲裁员，可以保障当事人权利的及时实现。

此外，仲裁机构在处理回避申请时往往采取较为宽松的态度，且机构之间的裁判标准不一，容易引发信任危机。域外大部分国家通常将法院作为仲裁员回避申请的最终审查机关，或给予当事人在回避申请被驳回后向法院申诉的权利。例如，瑞典《仲裁法》第10条，或像英国《仲裁法》规定直接由法院对回避申请作出决定。因此，法院应当在仲裁员回避申请事项上保留司法审查的权力。

在监督限度上，法院则应保持谦抑态度，仅在必要限度内对仲裁员行为进行干预。虽然法院的监督对于灵活的临时仲裁而言非常必要，但较强的司法监督一直是我国仲裁制度的特点。为预防法院过度干涉临时仲裁，应当明确法院在其与仲裁机构、仲裁庭的权力划分中处于最后定分止争的位置，法院管辖权的前提是当事人具有“不可调和的矛盾”转而向法院求助。[①] 在此背景下，《仲裁法》应当尊重仲裁员独立作出裁决的权利，通过明确仲裁员的民事责任而非追究刑事责任，以形成司法与仲裁的良性互动。另外，临时仲裁制度更强调法院的支持而非监督，应将以往监督为主的定位转化为监督与支持并重，完善和创新临时仲裁中的司法保障举措，为仲裁员的选任提供支持并作为仲裁机构有限强制力的有益补充。

另一方面，仲裁是一种专业化的法律服务，并且参与服务市场的竞争。[②]

---

① 参见何悦涵：《中国建设自由贸易港临时仲裁制度问题研究》，载《上海对外经贸大学学报》2018年第6期。

② 参见袁发强、刘弦：《论首席仲裁员的产生——兼谈我国对临时仲裁的借鉴》，载《中国仲裁与司法论坛暨2010年年会》。

提升仲裁市场成熟度以推动行业自治，有利于仲裁员在竞争的环境下实现自律。其一，完善仲裁收费体系。仲裁员作为仲裁活动中作出裁决的主体，理应得到相应的报酬。然而，我国仲裁员薪酬偏低，实践中并未按照管理费、仲裁员报酬以及仲裁过程中的实际开支来收取仲裁费用。对比外国仲裁员较为丰厚的收入，国内仲裁员权利和义务的严重不对称，是造成仲裁员与仲裁机构关系以及仲裁员的权职、权利和义务失衡的根源之一。[①] 因而部分仲裁员在面对"灰色收入"时不惜违反法律和仲裁规则中的仲裁员行为规范要求。改革仲裁收费标准，提高仲裁员收入水平，建立科学的仲裁收费体系。当严格遵守仲裁员道德与行为规范进行裁决获得的长期收入，以及良好的声誉所带来的利益远超一时受贿所得时，人的趋利本能将自然地阻止仲裁员破坏行业规范，无形中驱使仲裁员更加自律、谨慎。

其二，建立仲裁员评价机制。完善的仲裁员评价机制可以让失职仲裁员承担现代社会最为重要的失信责任。据调查显示，80% 的受访者希望在争议解决后提交对仲裁员的评价，包括但不限于向仲裁机构反馈、公开采访、向仲裁员报告等方式。[②] 这一评价机制可以扩大仲裁机构、行业协会乃至社会公众对于仲裁员的监督范围。受事后评价和职业声誉的影响，仲裁员在仲裁过程中将更多地自主做到独立性、公正性要求。

四、结语

《仲裁法》在临时仲裁制度上的空白是当前《仲裁法》修订面临的重要问题之一，其中仲裁员的选任更是临时仲裁的核心问题。在仲裁员资格认定方面，《仲裁法》中强制性仲裁员任职标准、封闭性仲裁员名册等规定不符合仲裁员专业化的发展需求，并在实质上影响当事人意思自治的实现。机构仲裁一元制下的仲裁体系也出现对仲裁机构过度依赖的倾向，而司法监督则呈现监督方式不足与监督限度过度的双重困境。

参考境外临时仲裁经验，自贸区仲裁制度在引入临时仲裁的改革过程中

① 参见王叶英、任以顺:《我国仲裁员制度的缺陷及运行失范之矫正》，载《青岛科技大学学报（社会科学版）》2010 年第 4 期。

② See *2018 International Arbitration Survey*: *The Evolution of International Arbitration*, Queen Mary University of London and White & Case, p.23.

应当弱化仲裁员资格的强制性限制，给予当事人选择仲裁员选任规则的自由，从而在立法层面贯彻仲裁的自治精神。同时，重构仲裁机构管理机制，发挥仲裁机构在临时仲裁中的辅助作用。通过以司法监督为主体的多元化监督体系的建立，推动仲裁行业的自治与自律。对于仲裁员资格认定制度的改革，需要在认定当事人意思自治价值本位的同时协调公正与效率，通过合理的制度设计推动临时仲裁制度的构建。

论“或裁或诉”条款之效力认定

葛文惠*

● **摘　要**

虽然《最高人民法院关于适用〈中华人民共和国仲裁法〉若干问题的解释》第7条已对“或裁或诉”条款的效力作出规定，但由于各级法院对该条规定的理解存在差异，在认定此类条款的效力时产生诸多矛盾和混乱，包括“整体无效”还是“部分无效”的争论，“或裁或诉”条款与“先裁后诉”条款的混淆，以及在不同条款中约定仲裁和诉讼的裁判标准不一等。从最高人民法院审理的案件中可见其支持仲裁的倾向，但仍需通过发布指导性案例或司法解释等方式对地方法院予以指引。为了契合我国鼓励仲裁的政策态度，立法工作也应尽快跟进，可采取“先受理先管辖”的规定，使当事人签订的仲裁协议尽量有效。

● **关键词**

“或裁或诉”条款　仲裁协议效力　效力瑕疵

Abstract: Although Article 7 of judicial interpretation of arbitration law has stipulated the validity of the “ arbitration or litigation” clause, due to differences in the understanding of this clause by local people’s

---

* 葛文惠，武汉大学法学院2019级硕士研究生，专业：国际私法；研究方向：国际商事仲裁。

courts, many contradictions and confusions have arisen in determining the validity of such clause, including disputes about "entirely invalid" or "partially invalid", confusion between the "arbitration or litigation" clause and the "arbitration before litigation" clause, and different judge standards on arbitration or litigation agreed in different clauses. It can be seen from the cases heard by the Supreme People's Court that it supports the effectiveness of arbitration, but it still needs to guide the local courts by issuing guiding cases or judicial interpretations. in order to comply with Chinese policy of encouraging arbitration, the legislative work should also be followed up as soon as possible, the order of the case acceptance can be adopted to make the arbitration agreement as effective as possible.

Key Words: arbitration or jurisdiction clause, effectiveness of arbitration agreement, blemish of effectiveness

在民商事领域，当事人以订立仲裁协议解决纠纷成为一种趋势，有效的仲裁协议是行使仲裁管辖权的必要条件，可以排除法院的管辖。仲裁和诉讼作为两种终局性的争议解决方式各有其优势，对纠纷解决机制的协议选择也充分体现了当事人意思自治原则，但由于当事人对争议解决的特殊需求，实践中往往会出现同时选择仲裁和诉讼的协议。这类协议条款称之为“或裁或诉”条款，比较典型的表述为“如发生本合同项下之争议，可以向某仲裁委员会申请仲裁，或向某人民法院起诉”，既包括在同一条款中选择两种争议解决方式的情形，还包括在不同条款中进行选择的情形。

为了探求当事人的真实意思表示，确认当事人期望的争议解决方式，各国立法与实践对此类条款的效力认定较为灵活，主要有以下三种解决方式：一是管辖权条款优先适用；二是仲裁条款优先适用；三是由当事人自行选择优先适用之程序。[①] 但我国则分别在 2005 年《第二次全国涉外商事海事审判工作

① 杨玲：《论“或裁或审”条款中仲裁条款的效力——以海峡两岸司法实践为视角》，载《西北大学学报》（哲学社会科学版）第 44 卷第 4 期。

会议纪要》[①]以及2006年颁布的《最高人民法院关于适用〈中华人民共和国仲裁法〉若干问题的解释》[②]（以下简称《仲裁法司法解释》）中认定“或裁或诉”条款无效，并规定被申请方未在仲裁庭首次开庭前提出仲裁条款无效异议的除外。

即便如此，我国司法实践中仍然出现了诸多对“或裁或诉”条款效力认定矛盾、法律适用不当的案例，对于相关问题仍有争论。例如，“或裁或诉”条款应当认定为整体无效还是部分无效；约定先仲裁后诉讼是否属于《仲裁法司法解释》第7条规定的“或裁或诉”条款；不同的协议约定仲裁与诉讼是否构成“或裁或诉”条款等。因此，本文将通过相关案例对以上问题逐一进行分析，并提出对“或裁或诉”条款效力问题的几点思考，探求解释与修改相关规定的途径。

一、“或仲裁或诉讼”效力问题的司法实践

（一）“或裁或诉”条款整体无效还是部分无效的矛盾

1. 认定“或裁或诉”条款整体无效

对于“或裁或诉”条款是否存在明确有效的仲裁协议，在最高人民法院有据可查的答复中均给出否定意见，最早可追溯至1996年最高人民法院致广东省高级人民法院的复函。在“深圳联昌印染有限公司与香港益锋行纺织有限公司承包合同纠纷案”中，双方约定：“双方协商不成时，应提交中国国际贸易仲裁委员会深圳分会仲裁或上诉当地人民法院按法律程序判决”，最高人民法院在复函中明确“双方当事人之间合同中解决争议的条款既约定涉外仲裁机构仲裁又约定可向人民法院起诉，该仲裁约定无效”，[③]同样在2002年致福建省高级人民法院的复函中指出“该约定违反了仲裁排除法院管辖的基本原

① 第68条：“当事人约定争议可以向仲裁机构申请仲裁也可以向人民法院起诉的，仲裁协议无效。但一方向仲裁机构申请仲裁，另一方未在《中华人民共和国仲裁法》第二十条第二款规定的期间内提出异议的除外。”

② 第7条：“当事人约定争议可以向仲裁机构申请仲裁也可以向人民法院起诉的，仲裁协议无效。但一方向仲裁机构申请仲裁，另一方未在仲裁法第二十条第二款规定期间内提出异议的除外。”

③ 最高人民法院关于深圳联昌印染有限公司诉香港益锋行纺织有限公司承包合同纠纷案拟立案受理的报告的复函，法经（1996）110号，1996年4月18日发布。

则，应认定该仲裁条款无效”，[①] 随后在 2006 年颁布的《仲裁法司法解释》中再次明确该类条款无效。

但在《仲裁法司法解释》颁布后，最高人民法院在 2013 年审理的案件[②]中也曾表达出分别判断仲裁条款与诉讼条款的态度，但相关判决并不能对下级人民法院产生约束，地方法院中仍有诸多以仲裁与诉讼互斥为由判定“或裁或诉”条款无效的案例。例如，2014 年吉林省高级人民法院审理的“山西路桥第一工程有限责任公司与于某影等建设工程施工合同纠纷管辖权异议上诉案”[③]中，当事人对仲裁机构与诉讼法院均予以明确约定，但法院认为该条款同时约定了具有相互排斥性质的仲裁和诉讼两种争议解决方式，导致双方对案件的管辖权约定不明，应属无效；法院无法从该管辖协议中获得管辖权，应按照法定管辖的规定确定管辖法院。

总结法院认定“或裁或诉”条款整体无效的理由如下：首先，仲裁和诉讼作为两种终局性的争议解决方式，在性质上彼此排斥不能并存；其次，我国实行或裁或审原则，仲裁和诉讼两者之中当事人只能选择其一，而当事人在仲裁协议中没有排除法院的管辖权，违背或裁或审原则；再次，当事人同时选择仲裁与诉讼，意味着意思表示不明确；最后，如果承认该类条款有效，当事人各自提起仲裁和诉讼容易造成管辖冲突，浪费仲裁与司法资源。[④] 此后法院和仲裁机构多以这类条款违背或裁或审原则为由而否定其效力。

2. 分别认定“约定仲裁”和“约定诉讼”的效力

对同时约定仲裁和诉讼的条款分别进行考虑的较早案例是 2001 年北京市第二中级人民法院审理的“北京京通天泰房地产公司与北京振利高新技术公司关于仲裁协议效力纠纷案”[⑤]。当事人在合同中约定：“如因其他原因违约发

---

① 最高人民法院关于对厦门樱织服装有限公司与日本喜佳思株式会社买卖合同欠款纠纷一案的请示的复函，(2002) 民四他字第 33 号，2002 年 10 月 8 日发布。

② 江门市江磁电工企业有限公司与云南铜业股份有限公司买卖合同纠纷上诉案，最高人民法院 (2013) 民二终字第 85 号民事裁定书。

③ 山西路桥第一工程有限责任公司与于某影等建设工程施工合同纠纷管辖权异议上诉案，吉林省高级人民法院（2014）吉民管终字第 26 号民事裁定书。

④ 陆效龙、吴兆祥：《〈关于适用仲裁法若干问题的解释〉的理解与适用》，载《人民司法》2006 年第 10 期。

⑤ 北京京通天泰房地产公司与北京振利高新技术公司关于仲裁协议效力纠纷案，北京市第二中级人民法院（2001）二中民特字第 00039 号民事裁定书。

生不能按本合同执行且双方协商无效时，由北京仲裁委员会进行仲裁，仲裁无效时向当地人民法院起诉。”北京振利公司答辩称，合同中约定的“仲裁无效”并非否定仲裁“一裁终局”的效力，而是指仲裁裁决出现法律上或程序上的错误，被人民法院裁定撤销后，双方不愿将纠纷再次提交仲裁，而是由法院管辖。因此法院认为：“在双方当事人签订的仲裁协议中，双方对因合同发生纠纷的解决方式均同意仲裁，并约定了明确的仲裁机构，具备仲裁协议应具备的内容。虽然当事人又约定仲裁无效，向人民法院起诉，但并非否认仲裁的意思表示，仲裁和向法院起诉不是选择性条款，该仲裁协议应当认定有效。”[①]2003年，最高人民法院致安徽省高级人民法院的复函[②]中，对当事人仲裁条款中的“may”一词进行解释，认为当事人在该条款中没有明确约定可以通过诉讼方式解决纠纷，因此约定的仲裁条款是明确有效可以执行，以未排除诉讼认定无效缺乏充分的依据。以上两个案件的仲裁条款可以被认定为有效的主要原因在于没有真正同时选择诉讼与仲裁，实践中也存在不少同时选择诉讼与仲裁时分割解读的案件。

最高人民法院于2013年审理的“江门市江磁电工企业有限公司与云南铜业股份有限公司买卖合同纠纷上诉案”[③]中，当事人于合同中约定：“凡因执行本协议所发生的一切争执，双方应友好协商解决，如果协商不能获得解决，则可选择仲裁，或者向合同签订所在地的人民法院通过诉讼解决。”由于双方未约定明确的仲裁机构，法院根据《仲裁法司法解释》第7条之规定，认定关于仲裁的约定无效，又根据《中华人民共和国民事诉讼法》（以下简称《民事诉讼法》）中关于协议管辖的规定认为诉讼管辖条款的约定有效。可见，最高人民法院认为当事人同时约定仲裁和起诉的，仲裁协议无效，但对诉讼管辖条款的约定并不当然无效。如果协议管辖约定符合法律规定，则应当依照约定确定管辖法院。无独有偶，最高人民法院2016年审理的“大同市龙煤煤矿机械销售有限公司与久益环球（佳木斯）采矿设备有限公司买卖合同纠

① 杨秀清：《协议仲裁制度研究》，法律出版社2006年版，第110页。

② 最高人民法院关于安徽省合肥联合发电有限公司诉阿尔斯通发电股份有限公司建设工程合同纠纷一案的请示的复函，（2003）民四他字第7号，2003年5月14日发布。

③ 江门市江磁电工企业有限公司与云南铜业股份有限公司买卖合同纠纷上诉案，最高人民法院（2013）民二终字第85号民事裁定书。

纷上诉案”[①]中，当事人约定了明确的仲裁机构和管辖法院，法院在确定仲裁条款无效的同时，又对诉讼管辖约定进行了审查，最终判定仲裁约定无效而诉讼约定有效。地方法院审理的案件中亦有持此态度者[②]，分别考察约定仲裁和约定诉讼的效力，或判断仲裁约定有效，或判断诉讼约定有效。

法院分别判断“或裁或诉”条款中的仲裁约定和诉讼约定的主要法律依据为《仲裁法司法解释》第7条以及《民事诉讼法》中关于协议管辖的规定，同时约定两种争议解决方式时，如果对其中一种方式约定笼统模糊，而对另一种约定明确且符合法律规定，则该种方式约定有效。亦有观点认为“合同部分无效，不影响其他部分的效力”，支持分割判断“或裁或诉”条款效力的方式。[③]

3.“或裁或诉”条款效力的可分割性

对于“或裁或诉”条款是否可以分割判断，理论上有两种不同的观点。认为不可分割的理由主要有以下几点：首先，当事人约定或仲裁或诉讼属于意思表示不明确，无法确定符合当事人一致意愿的管辖机构；其次，仲裁排除法院管辖是基本原则，否则仲裁协议无效；最后，“或裁或诉”条款中关于仲裁的约定之所以无效，是因为同时存在诉讼条款，二者互相排斥，共同导致整个条款的约定无效，不能分割判断其效力。认为可以分割的理由主要是：第一，仲裁尊重当事人意思自治，“或裁或诉”条款表明了当事人提请仲裁或选择指定法院诉讼的意愿，如果认定为整体无效，只能依据法定管辖原则确定管辖法院，这是不符合当事人本意的；第二，合同条款的部分无效，不影响其他条款的效力，因此“或裁或诉”条款中仲裁和诉讼的约定相互独立，可以分别考察各部分的效力。

对“或裁或诉”条款效力认定的差异，实际上还包含着对其性质的不同

① 大同市龙煤煤矿机械销售有限公司与久益环球（佳木斯）采矿设备有限公司买卖合同纠纷上诉案，最高人民法院（2016）最高法民辖终39号民事裁定书。

② 例如，2016年济南市中级人民法院审理的赵某顺与济南市历城区王舍人街道张马屯村民委员会申请确认仲裁协议效力案，法院因当事人未明确约定管辖法院，认定仲裁条款有效而诉讼条款无效，（2016）鲁01民特27号民事裁定书；2017年浙江省高级人民法院审理的温州市洞头华凯水利工程有限公司等诉江苏弘禹港航工程有限公司航道疏浚合同纠纷案，法院因当事人明确约定仲裁机构及管辖法院，认定仲裁条款无效而诉讼条款有效，（2017）浙民辖终144号民事裁定书。

③ 参见孙亚男：《“或裁或审”条款的效力分析》，载《牡丹江大学学报》第26卷第02期。

判断。法律规定与早期的司法实践中将“或裁或诉”条款视为瑕疵仲裁协议，并由此支持整体无效的观点；而分割论中则认为“或裁或诉”条款中包含着两种互相独立的合意，有学者将“或裁或诉”条款定性为混合管辖条款[①]，继而根据《仲裁法司法解释》第7条以及《民事诉讼法》第35条的规定，分别审查仲裁约定和诉讼约定。对此笔者较为赞同，毕竟整体论的逻辑起点中也认为当事人分别达成了两个合意[②]，而非单一的仲裁协议，将之认定为混合管辖条款能够更加充分地尊重当事人意思自治，是探求最符合当事人真意的争议解决方式。

（二）错误认定“先裁后诉”条款为“或裁或诉”条款

1.“先裁后诉”条款的效力之争

“先裁后诉”条款是指当事人在协议中约定先后进行两种不同的终局性争议解决方式，典型表述为“当事人对争议协商解决不成的，提请某仲裁委员会仲裁，对仲裁结果有异议的，向某人民法院起诉”。最高人民法院曾审理的“内蒙古吉祥煤业有限公司与天津冶金集团贸易有限公司买卖合同纠纷管辖权异议案”[③]即属于这种情况。

在本案中，双方当事人约定“合同产生纠纷，由双方协商解决，协商不成，可向协议签订地所在仲裁委员会提出仲裁，任意一方对仲裁结果提出异议的，可向合同签订地法院提出起诉”，一审法院认为该条款违反《仲裁法司法解释》第7条的规定，仲裁协议无效。被告提出上诉，最高人民法院认为该协议违反了《中华人民共和国仲裁法》（以下简称《仲裁法》）第9条规定的关于“仲裁实行一裁终局”的规定，违反了仲裁排除法院管辖的基本原则，并认为一审法院的法律适用正确。尽管在本案中两法院对两条法律条款的适用结果一致，但由于《仲裁法司法解释》存在整体无效与分割无效的分歧，法律条款的混用也会导致诸多对“先裁后诉”条款的不同判定。例如，绵阳市中级人

① 参见杜涛、张炳南：《我国“或裁或审”条款的反思与突破——兼评〈仲裁法司法解释〉第7条》，载《时代法学》第18卷第1期。

② 邯郸市亿泰种猪有限公司与江苏安佑科技饲料有限公司买卖合同纠纷上诉案，江苏省淮安市中级人民法院（2014）淮中民辖终字第0008号民事裁定书。

③ 内蒙古吉祥煤业有限公司与天津冶金集团贸易有限公司买卖合同纠纷上诉案，最高人民法院（2013）民二终字第81号民事判决书。

民法院在审理"谭某碧与胡某、四川山鑫房地产开发有限公司合伙协议纠纷一案"[①]时，即认为双方当事人约定的仲裁协议有效。

该案中，双方当事人约定："争议提交项目所在地仲裁委员会仲裁，仲裁无果可向项目所在地人民法院提起诉讼"，法院根据《仲裁法司法解释》第5条之规定，认为当事人约定了具体的仲裁机构，仲裁协议有效，又根据《仲裁法》第5条判定法院驳回起诉并无不当。可见该案中法院将"先裁后诉"条款认定为可分割判断的"或裁或诉"条款，与此相类似的案件还有合肥市中级人民法院审理的"安徽鸿路钢结构（集团）股份有限公司、胡某波等申请确认仲裁协议效力案"[②]、深圳市南山区人民法院审理的"重庆江川化工（集团）有限公司诉深圳市创银科技股份有限公司买卖合同纠纷案"[③]等。

亦有部分地方法院根据《仲裁法》第17条与第18条的规定，审查当事人对提交仲裁的意思表示是否明确，判断仲裁协议是否有效。比如，2020年郑州市中级人民法院在审理"郑州永恒市政建设工程有限公司、齐某锁申请确认仲裁协议效力案"[④]时，认为当事人的仲裁约定既不属于仲裁法规定的无效情形，也不属于"或裁或诉"条款，从而判定仲裁协议有效。持同样观点的案例还有北京市第四中级人民法院审理的"北京新华多媒体数据有限公司与乌鲁木齐盛世维媒信息科技有限公司申请确认仲裁协议效力案"[⑤]。

2. "一裁终局"原则与"或裁或审"原则的混淆适用

由上述分析可知，"先裁后诉"条款内容为："争议由某仲裁机构解决，裁决作出后不服的再就同一纠纷向某人民法院起诉或者上诉"，"或裁或诉"条款内容为："争议由某仲裁委员会仲裁，或向某人民法院起诉。"由于两种条款

---

① 谭某碧与胡某、四川山鑫房地产开发有限公司合伙协议纠纷一案，四川省绵阳市中级人民法院（2016）川07民终1262号民事裁定书。

② 安徽鸿路钢结构（集团）股份有限公司、胡某波等申请确认仲裁协议效力案，安徽省合肥市中级人民法院（2016）皖01民特240号民事裁定书。

③ 重庆江川化工（集团）有限公司诉深圳市创银科技股份有限公司买卖合同纠纷案，广东省深圳市南山区人民法院（2015）深南法西民初字第1280号民事裁定书。

④ 郑州永恒市政建设工程有限公司、齐某锁申请确认仲裁协议效力案，河南省郑州市中级人民法院（2020）豫01民特26号民事裁定书。

⑤ 北京新华多媒体数据有限公司与乌鲁木齐盛世维媒信息科技有限公司申请确认仲裁协议效力案，北京市第四中级人民法院（2019）京04民特382号民事裁定书。

中都包含了既选择仲裁又选择诉讼的意思表示，所以部分地方法院往往对二者产生混淆，从而导致法律适用的错误。一裁终局原则是指裁决作出后，即发生法律效力，即使当事人对裁决不服，也不能再就同一纠纷向人民法院起诉，同时也不能再向仲裁机构申请仲裁（向仲裁机构申请复议）。[①] 因此一裁终局原则规制的是在不同时间段对同一争议事项先后申请两种争议解决方式的情形。而或裁或审原则是指当事人约定对同一争议选择仲裁或者诉讼，即在同一时间段对同一争议事项只能选择其中一种争议解决方式的情形。

虽然两种条款都包含了选择两种争议解决方式的意思表示，但其逻辑关系存在不同，"或裁或诉"条款对仲裁和诉讼的选择为并列关系，而"先裁后诉"条款对仲裁和诉讼的选择则是递进关系。[②] "或裁或诉"的约定有时可以赋予仲裁委员会或意定法院以管辖权，但"先裁后诉"条款不能以当事人的意思表示否认已作出的仲裁裁决的效力。法院在判定这两种条款时不能以"或裁或诉"条款概论，尤其是"或裁或诉"条款尚存整体无效和部分无效争议之时，这样的混淆判定很可能会导致对"先裁后诉"条款的错误判断。认定"先裁后诉"条款的效力应当根据《仲裁法》第 9 条规定的一裁终局原则进行判断，《仲裁法》第 9 条的含义为：约定仲裁及依此作出的仲裁裁决有效，但"裁决作出后就同一纠纷向仲裁机构申请仲裁或者向人民法院起诉或者上诉"无效，[③] 显然规制的是当事人约定先仲裁后诉讼的情形。所以部分法院根据《仲裁法司法解释》第 7 条判定"先裁后诉"条款无效的做法或存在法律适用错误之嫌。

（三）不同条款分别约定仲裁或诉讼的效力问题

在民商事交往中当事人也可能会在签订的不同协议中分别对同一事项或不同事项约定仲裁或诉讼，甚至是在同一协议的不同条款中约定仲裁或诉讼，这时也会形成类似于"或裁或诉"条款的情形，但对于这类条款不能以《仲裁法司法解释》第 7 条概论，需要具体问题具体分析。例如，最高人民法院 2019 年审理的"系联软件（北京）有限公司、北京世盈合众数字技术有限公

---

① 全国人大常委会法制工作委员会民法室、中国国际经济贸易仲裁委员会秘书局编著：《中华人民共和国仲裁法全书》，法律出版社 1995 年版，第 23 页。

② 宋连斌、黄保持：《违反一裁终局原则对仲裁协议效力的影响：基于中国实践的实证分析》，载《国际法研究》2017 年第 1 期。

③ 宋连斌、黄保持：《违反一裁终局原则对仲裁协议效力的影响：基于中国实践的实证分析》，载《国际法研究》2017 年第 1 期。

司计算机软件开发合同纠纷案”[①]中，当事人虽在合同的第7条约定管辖法院又在第10条约定仲裁，但从合同文义解释以及整体解释中可以看出，第7条是对“适用法律”的规定，其后所约定的管辖仅针对双方在“适用法律”存在争议时单独进行的约定，而非对所有涉案协议项下的争议进行约定；第10条针对的是履行合同时的争议解决条款，两个条款所要解决的问题并不冲突，法院因此判定该类约定不属于“或裁或诉”条款，并未违反《仲裁司法解释》第7条规定的情形。

面对当事人在先后订立的不同协议中约定仲裁或诉讼的情形，不止需要考虑是否针对同一事项，还需要考虑协议订立的先后是否构成当事人意思表示的变更。例如，北京市第四中级人民法院在审理“北京华普投资有限责任公司等与北京世欣鼎成投资中心申请确认仲裁协议效力案”时，认为虽然双方当事人在签订的多份协议中既有约定诉讼也有约定仲裁，但在最后签订的《补充协议》中当事人约定提请仲裁来解决纠纷，并且在该协议中约定“本补充协议内容与各方此前已签署的书面文件（包括各方已签署协议）不一致之处，以本补充协议的约定为准”，构成双方意思表示的变更，因此法院并未以“或裁或诉”条款视之，而是认为双方当事人达成了有效的仲裁协议。

由此我们可以得出以下结论：对于不同条款约定或仲裁或诉讼的情形不能一律视为“或裁或诉”条款，而是应当具体分析这些条款是否针对同一争议事项进行约定，在不同时间订立的争议解决条款是否构成意思表示的变更。

二、“或裁或诉”条款的效力分析

（一）仲裁的意思表示是否明确

根据《仲裁法》的规定，有效的仲裁协议必须包括当事人请求仲裁的真实意思表示，其含义有二：其一，该意思表示是由当事人合意达成的；其二，不存在欺诈、胁迫、重大误解等情形。显然“或裁或诉”条款中的仲裁合意符合以上两个要求，从目前的司法实践来看，法院在判断当事人之间是否存在有效的仲裁协议时，还额外要求这种意思表示必须是唯一的，否则构成意思表示不明确。这一观点作为否定“或裁或诉”条款效力的理由是否符合《仲

① 系联软件（北京）有限公司、北京世盈合众数字技术有限公司计算机软件开发合同纠纷案，最高人民法院（2019）最高法知民辖终477号民事裁定书。

裁法》的立法精神还值得探究。

国家支持鼓励仲裁，一是为更加高效、便捷地解决民商事纠纷，二是为减轻诉讼负累，所以尽管仲裁与诉讼都可作为终局性的争议解决方式，但仲裁机构的管辖权本质上是法院让渡其审判权的结果。在当事人既选择仲裁又选择诉讼的情况下，即使不认为仲裁优先，但至少可推断出当事人有提交仲裁的合意。[①] 如果仅因当事人约定“仲裁或诉讼”，就否定仲裁协议的效力，不符合解释契约应探求当事人真意的精神，而司法实践中不论是分割判断还是整体判断，在同时具体约定仲裁和诉讼的情况下，都会认定仲裁条款无效，这是不符合当事人意思自治原则的。此外，在支持仲裁的趋势下，各国都在为仲裁制度创造更加宽松的环境，一味地苛求仲裁意愿的唯一性，将会限制我国仲裁的发展。

（二）排除法院管辖是法律效果还是生效要件

法院否定“或裁或诉”条款效力的另一缘由是没有排除法院管辖，违背了或裁或审原则。但值得注意的是，排除法院管辖是有效仲裁协议的法律效果，而非生效要件。有效仲裁协议包括积极效力和消极效力，积极效力是指当事人在同意进行仲裁时，各方不仅消极地放弃了获得司法救济的权利，同时也积极同意通过仲裁程序解决他们之间的纠纷；消极效力在于当事人负有不得在国内法院或类似场所进行诉讼的义务。[②] 因此，仲裁协议可以排除法院管辖，是指法律上被确定有效的仲裁协议对法院产生的管辖拘束力，而不是指仲裁协议要有效则必须在条款中明确排除法院管辖。[③] 仲裁制度作为一种基于私法自治、契约自由的原则而设立的私法纷争自主解决的制度，以当事人合意为基础，消极排除法院的管辖，具有特别程序的特征，仲裁之于诉讼，实有特别程序优于普通程序的性质。[④] 而且从《仲裁法》第16条至第19条规定的仲裁协议成立与效力方面也可以推知以上结论，《仲裁法》第16条规定仲

---

① 参见杜涛、张炳南：《我国“或裁或审”条款的反思与突破——兼评〈仲裁法司法解释〉第7条》，载《时代法学》第18卷第1期。

② ［美］加里·B.博恩：《国际仲裁：法律与实践》，白麟等译，商务印书馆2015年版，第79—80页。

③ 杨玲：《论“或裁或审”条款中仲裁条款的效力——以海峡两岸司法实践为视角》，载《西北大学学报》（哲学社会科学版）第44卷第4期。

④ 林俊益：《法院在商务仲裁之角色》，永然文化出版股份有限公司1996年版，第34页。

裁协议的成立要件中并未包含"排除法院管辖"的要求，如果要求仲裁协议中存在"排除法院管辖"的意思表示，则是在《仲裁法》之外增设了一项仲裁协议的有效要件。在第17条至第18条列举的无效事由中也未包含"没有排除法院管辖"的内容，而且关于仲裁协议无效的情形法律采取的是穷尽式列举的方法，因此只要不存在无效事由，仲裁协议即为有效。可见《仲裁法司法解释》第7条的规定实为《仲裁法》之外创立的仲裁协议无效情形。

（三）管辖冲突是否真实存在

承认"或裁或诉"条款效力可能会导致管辖冲突，这种担忧也是不必要的。因为一旦认定仲裁协议有效，或者约定诉讼的条款有效，另一方的管辖权即被排除，不存在两者都有效的情况。而且或裁或审原则的立法目的在于保证当事人约定仲裁的情况下，法院的管辖权不会加以干涉。在当前的法律环境下，就同一争议而言，有既判力的解决途径只能是仲裁或者诉讼。只要当事人的仲裁意愿是明确的，这就排除了诉讼的可能；在只考虑仲裁的情况下，也完全不必担心可能会造成仲裁管辖权之间的冲突。[①] 因此在"或裁或诉"条款部分有效的情况下，仲裁机构与法院的管辖冲突是一种假想的危险。

即使当事人在"或裁或诉"条款约定了同时将同一争议提交某仲裁机构或某法院，他们也只能择一行使，不可能同时参加仲裁与诉讼程序，这样法院就可以通过当事人的行为确定其真实的意思表示。

不过这样难免出现一方选择仲裁，另一方选择诉讼的情形，对此我国台湾地区主张的"先系属先管辖"的方法可资借鉴。台湾地区的法院认为双方当事人约定争议可提起仲裁或诉讼时，仲裁协议有效。2006年台湾地区"最高法院"在一则案件中提出，"当事人于契约中约定以仲裁或诉讼解决争议，即系赋予当事人程序选择权，于一方行使程序选择权而系属后，他方即应受其拘束，倘若当事人双方各采取仲裁程序及诉讼程序时，则应以其系属先后为准"。[②] 该判例为台湾地区各级法院所遵循，因此，当事人均有单独将争议提交仲裁的权利，无须再征得他方同意。当事人既可选择不提交仲裁而向法

---

① 宋连斌：《岂伊地气暖　自有岁寒心——评最高人民法院关于适用〈中华人民共和国仲裁法〉若干问题的解释》，载北京仲裁委员会组编：《北京仲裁》2006年第4期，中国法制出版社2007年版。

② 香港商太古升达国际废料处理有限公司台湾分公司请求处理费用申请停止诉讼程序，台湾地区"最高法院"95年台抗字第390号民事裁定书。

院另行起诉，也可以不依诉讼而先申请提交仲裁。如果先申请仲裁，则有关争议依仲裁程序处理；如果先提起诉讼，则由法院处理争议。

实际上《民事诉讼法》中对于平行诉讼的情形也采取了这样的处理方式，法律规定："原告向两个以上有管辖权的人民法院起诉的，由最先立案的人民法院管辖。"笔者认为该种方式可以参考适用于仲裁与诉讼的冲突选择中，如果当事人针对同一争议分别向法院和仲裁机构提请处理，可由先受理的机构管辖，这样既可以尊重当事人的现实选择，也可以避免管辖冲突。

三、对"或裁或诉"条款规定的评述与建议

目前国际社会司法与仲裁关系发展的一般趋势是，司法对仲裁的监督与控制逐步弱化，而支持与协助则不断强化，支持仲裁已成为各国普遍遵循的立法指导思想和司法政策。[①]但由于历史的局限性，我国仲裁法的部分规定仍持诉讼优位的观点，尚不符合司法与仲裁管辖发展的一般潮流，也与我国支持仲裁的期望不合。对于完善类似"或裁或诉"条款这样的瑕疵仲裁协议，法院承担着不可替代的协助作用，其对瑕疵仲裁协议的态度可以折射出法院对整个仲裁制度的支持与否。

《仲裁司法解释》第7条对"或裁或诉"条款采取"一刀切"的判定方式，既未能充分尊重当事人的意图，也与我国鼓励仲裁的发展方向背离。而最高人民法院在审判中逐步转变为"部分有效"的态度，或许可以缓和司法解释体现的决绝态度。但我国上级法院作出的判决对下级法院不具有拘束力，最高人民法院可将涉及"或裁或诉"条款的案件以指导性案例的形式发布，使下级法院有所参照，从而规范司法实践中判决依据混乱的现状。在时机成熟之后，最高人民法院可通过颁布司法解释的方式，或者由立法机关在《仲裁法》中对"或裁或诉"条款予以明确规定。虽然仲裁庭与法院间不存在平行的管辖权，但对于"或裁或诉"条款的处理，仍可参照《民事诉讼法》对平行诉讼的处理方式，作如下规定："当事人就同一争议约定既可以向仲裁委员会申请仲裁也可以向人民法院起诉的，当事人可以择一行使。一方当事人选择仲裁而另一方当事人选择起诉的，由先受理的仲裁委员会或人民法院管辖。"总

---

① 万鄂湘、于喜富：《我国仲裁司法监督制度的最新发展——评最高人民法院关于适用仲裁法的司法解释》，载《法律评论》2007年第1期。

之，法律应充分考虑当事人的仲裁意图，将此类仲裁协议认定为有效，更能减轻法院的诉讼负累，提高解决民商事纠纷的效率，实现充分尊重当事人意思自治和支持仲裁的目标。

四、结语

梳理我国近年来认定“或裁或诉”条款效力的司法实践可以发现，由于司法解释规定的模糊以及上位法的缺失，法院的判决中以下几点问题：第一，地方各级法院对是否可以分割判断“或裁或诉”条款的效力理解不同；第二，混淆“或裁或诉”条款与“先裁后诉”条款，并存在适用法律的错误；第三，对于不同条款分别约定了仲裁或诉讼的情形是否属于“或裁或诉”条款，未能做到具体问题具体分析。而最高人民法院的司法态度也呈现出从“绝对无效”到“部分有效”的转变。通过对“或裁或诉”条款的详细分析可知，无法从现有的法律规定中得出该类条款应当无效的结论。为了对这一问题予以明确，建议借鉴我国台湾地区“先系属先管辖”的司法实践，或参考平行诉讼的规定，并及时修改《仲裁法》使之充分发挥推进我国仲裁领域建设的作用。

征稿启事

《北京仲裁》由北京仲裁委员会/北京国际仲裁中心主办，主要刊登中外仲裁、调解、工程评审等与多元化纠纷解决机制相关的民商事理论性、实践性的论文或者介绍性文章以及符合前述范围的翻译文章。本出版物每年出版四辑，下设“主题研讨”“专论”“仲裁讲坛”“比较研究”“ADR 专栏”“案例评析”“办案札记”等栏目。

编辑部热诚欢迎广大读者投稿，投稿前请仔细阅读以下注意事项：

1. 来稿应符合本出版物网站（www.bjac.org.cn /magazine/）的投稿要求及注释体例，并按要求写明作者信息、中英文题目、内容摘要、关键词等信息。

2. 来稿应严格遵守学术规范，如出现抄袭、剽窃等侵犯知识产权的情况，由作者自负责任。

3. 为扩大本出版物及作者信息交流渠道，本出版物已经委托博看网数字发行，并已被 CNKI 中国期刊全文数据库收录。凡向本出版物投稿的稿件，即视作作者同意独家授权出版其作品，包括但不限于纸质图书出版权、电子版信息网络传播权、无线增值业务权等权利，授予本出版物授予合作单位再使用、授予相关数据库收录之权利，作者前述相关的著作权使用费将由编辑部在稿酬内一次性给付。若作者不同意前述授权的，请在来稿时书面声明，以便做适当处理；作者未书面声明的，视为同意编辑部的前述安排。

4. 投稿方式：请采用电子版形式，发送至电子邮箱 bjzhongcai@bjac.org.cn。如在两个月内未发出用稿或备用通知，请作者自行处理。

5. 所有来稿一经采用，即奉稿酬（400 元/千字，特约稿件 500 元/千字）。

《北京仲裁》编辑部

图书在版编目 (CIP) 数据

北京仲裁．第 118 辑 / 北京仲裁委员会（北京国际仲裁中心）组编．—北京：中国法制出版社，2022.9

ISBN 978-7-5216-2895-1

Ⅰ．①北…　Ⅱ．①北…　Ⅲ．①仲裁－司法监督－中国－文集　Ⅳ．① D925.7-53

中国版本图书馆 CIP 数据核字（2022）第 170620 号

策划编辑：马　颖

责任编辑：侯　鹏

封面设计：李　宁

北京仲裁（第 118 辑）

BEIJING ZHONGCAI（DI-118 JI）

组编 / 北京仲裁委员会（北京国际仲裁中心）

经销 / 新华书店

印刷 / 河北鑫兆源印刷有限公司

开本 / 787 毫米 ×960 毫米　16 开　印张 / 7.25　字数 / 119 千

版次 / 2022 年 9 月第 1 版　2022 年 9 月第 1 次印刷

中国法制出版社出版

书号 ISBN 978-7-5216-2895-1　定价：39.00 元

北京市西城区西便门西里甲 16 号西便门办公区

邮政编码 100053　传真：010-63141852

网址：http://www.zgfzs.com　**编辑部电话：010-63141826**

市场营销部电话：010-63141612　**印务部电话：010-63141606**

（如有印装质量问题，请与本社印务部联系。）